Peter Selg

Die Zukunft Ahrimans
und das «Erwachen der Seelen»
Zur Geistesgegenwart der Mysteriendramen

Peter Selg

Die Zukunft Ahrimans und das «Erwachen der Seelen»

Zur Geistesgegenwart der Mysteriendramen

Verlag am Goetheanum

Der Verlag am Goetheanum im Internet:
www.goetheanum-verlag.ch

Einbandgestaltung von Wolfram Schildt, Berlin

Satz: Martin Weis, Denzlingen
Druck und Bindung: Majuskel Medienproduktion, Wetzlar

ISBN 978-3-7235-1662-1

2-m-Modell, Gipsabguss, Edith Maryon und Rudolf Steiner, 1915/16 (?)
Überarbeiteter Gipsabguss mit Eisendrahtarmierung, Reste von Plastilin (an der Stelle des Felsenwesens) und Holzbrett (für Höhenausgleich der Mittelfigur), 207 × 126 × 84 cm; Maßstab 1 : 5.
Aus Mirela Faldey / David Hornemann v. Laer (Hg.): *Im Spannungsfeld von Weltenkräften.* Dornach 2020, S. 61.

Heilig ist sein Name.
Für alle kommenden Geschlechter gilt sein Erbarmen
denen, die sich in Ehrfurcht vor ihm beugen.
Gewaltiges hat sein Arm vollbracht,
zerstreut hat er, die sich erhaben dünkten
in ihres Herzens Sinn.
Mächtige hat er vom Thron gestürzt und Niedrige erhöht.
Hungrige mit Gütern gesättigt
und Reiche mit leeren Händen gehen lassen.
(Lk 1,49-53)

Inhalt

Vorwort ... 11

1. «Die Inkarnation Ahrimans»
Rudolf Steiners Vorträge Oktober
bis Dezember 1919 ... 15

2. «Der Seelen Erwachen»
Ahriman in den Mysteriendramen, 1910–1913 ... 29

3. Der Kampf um die menschliche Intelligenz
Die Leitsätze 1924/25 und die Gegenwart ... 41

Anmerkungen ... 85

Der Autor ... 95

Vorwort

Fasse Künftiges
Durch Vergangnes ...

Die Veranstaltungen der Allgemeinen Anthroposophischen Sektion zum Jahr 1920 behandelten zuletzt Rudolf Steiners Auseinandersetzungen mit Oswald Spenglers Werk über den «Untergang des Abendlandes»[1] und die Eröffnung des Goetheanum mit dem ersten Hochschulkurs (September/Oktober 1920) inmitten eines publizistischen Kampfes um die Anthroposophie.[2]

Das Studium der Dynamik und Dramatik des Jahres 1920 in der Entfaltung der anthroposophischen Bewegung gewinnt weiter an Brisanz und Tiefe, wenn man in die Betrachtung einbezieht, was diesen Entwicklungen werk- und zeitgeschichtlich unmittelbar vorausging – und in welcher Weltsituation wir uns heute befinden, in ökologischer, ökonomischer, gesellschaftlicher, sozialer und medizinischer Hinsicht. In der Zeit von Ende Oktober bis Ende Dezember 1919 waren von Rudolf Steiner in acht Vorträgen die kommende, von ihm für das dritte nachchristliche Jahrtausend vorausbeschriebene sogenannte «Inkarnation Ahrimans» behandelt worden, am Ende eines Jahres, das das Scheitern der ersten Volksinitiative zur sozialen Dreigliederung mit sich gebracht hatte. Davor, von 1914 bis 1918, war durch den Ersten Weltkrieg das bisherige Europa zu weiten Teilen verwüstet worden; acht Millionen Menschen hatten ihr Leben verloren – und der jahrelange Krieg griff mit seinen Zerstörungskräften nachhaltig in das Leben von Generationen von Menschen, von Landschaften, Naturreichen und Städten ein, auch in die gesamte gesellschaftliche Ordnung. In den Jahren vor dem Ausbruch des Krieges waren in München die vier Mysteriendramen (1910–1913) uraufgeführt worden, durchaus im Zeichen der kommenden Entwicklungen.

Zur Eröffnung des ersten Goetheanum ließ Rudolf Steiner Marie Steiner-von Sivers am 26. September 1920 Strophen des «Hilarius Gottgetreu» aus dem dritten Mysteriendrama «Der Seelen Erwachen» rezitieren, die er für den Anlass umgeschrieben hatte. Nicht von einem «Weiheorte» wie im Mysteriendrama, sondern von einem «Strebensorte» war nun im Hinblick auf das Goetheanum die Rede – und das «geheimnisvolle» Wort wurde zu einem «ernst» erklingenden.[3] Auch die folgenden Aussagen Hilarius' passen in gewisser Hinsicht zu der Goetheanum-Eröffnung des Jahres 1920, inmitten ungünstigster Nachkriegsbedingungen in wirtschaftlicher und gesellschaftspolitischer Hinsicht – und angesichts des Hasses seiner Gegner: *«Es mag misslingen, was mir wertvoll scheint, / doch selbst, wenn alle Welt es nur verachtet, / und es deshalb in sich zerfallen muss, / so war es doch einmal von Menschenseelen / als Vorbild auf der Erde hingestellt.»*[4]

Die Geschichte des Goetheanum in den Jahren nach 1920 verlief bekanntermaßen problematisch; die Gemeinschaft war so brüchig wie in den Mysteriendramen beschrieben – als «ahrimanisch durchlöchert» sollte Rudolf Steiner die Anthroposophische Gesellschaft 1923 bezeichnen[5] –, die meisten Menschen blieben hinter ihren Möglichkeiten zurück und der Bau wurde Ende 1922 Opfer einer Brandzerstörung, nach einem über Jahre sich steigernden «Vernichtungswillen» seiner Feinde.[6] Dennoch begründete

Rudolf Steiner im Kreis seiner Mitarbeiter im Dezember 1923 alles neu – den Bau, die Anthroposophische Gesellschaft und ihre Freie Hochschule für Geisteswissenschaft. Bis zu seinem Tod setzte er sich vollumfänglich für deren Weiterentwicklung ein. Der Auseinandersetzung mit Ahriman, einer Zentralmacht des Bösen, des «Herrschers der Angst» und «Fürsten der Lüge» (Sergej O. Prokofieff[7]), kam dabei in spiritueller Perspektive eine große Bedeutung zu, bis hin zu Steiners letztem Aufsatz, der erst im April 1925, posthum, zur Publikation kam («Von der Natur zur Unter-Natur»).

*

Zur geplanten Aufführung der Mysteriendramen Ende 2020 wollte ich im Goetheanum über manche Aspekte des damit umrissenen Gesamtgeschehens noch einmal in Vorträgen sprechen, insbesondere über den Zusammenhang der Mysteriendramen mit der Entwicklungsaufgabe der Anthroposophischen Gesellschaft[8] und über die Auseinandersetzung mit Ahriman. Die Veranstaltungen mussten aufgrund der Corona-Krise jedoch kurzfristig abgesagt werden bzw. konnten nur teilweise im virtuellen Raum stattfinden. Was ich über die Auseinandersetzung mit Ahriman darstellen wollte, habe ich daraufhin in Schriftform festgehalten und lege es hiermit vor – weil die Darstellung zum thematischen Zusammenhang der zuletzt bearbeiteten Entwicklungen des Jahres 1920 gehört[9] und weil die darin umrissene geistige Dramatik meines Erachtens bis heute nichts von ihrer Bedeutung verloren hat, im Gegenteil.

Allgemeine Anthroposophische Sektion — *Peter Selg*
Ita Wegman Institut
Dornach und Arlesheim, Dezember 2020

Ahrimankopf (Ausschnitt), Rudolf Steiner
Ostern 1915, Wachs auf Holzbrett, 12 × 11,8 × 19,3 cm.
Aus Mirela Faldey / David Hornemann v. Laer (Hg.): *Im Spannungsfeld von Weltenkräften.* Dornach 2020, S. 44.

1. «Die Inkarnation Ahrimans» Die Vorträge Ende 1919

Diese Tatsache [der Inkarnation Ahrimans] ist der Erdenentwicklung vorgeschrieben.[10]

In acht Vorträgen, die er in der Zeit vom 27. Oktober 1919 bis zum 28. Dezember 1919 vor Mitgliedern der Anthroposophischen Gesellschaft in Dornach und Stuttgart, Bern und Zürich hielt[11], im Jahr der gescheiterten Initiative zur sozialen Dreigliederung, ging Rudolf Steiner auf die kommende Inkarnation Ahrimans ein.

«Ehe auch nur ein Teil des dritten Jahrtausends der nachchristlichen Zeit abgelaufen» sein werde, nehme Ahriman leibliche Gestalt an, verkörpere er sich in einem Menschen, so betonte Rudolf Steiner am 1. November 1919 in Dornach[12] – und damit in «nicht allzuferner Zukunft»[13]. In den Vorträgen, die diese Thematik berührten, sprach Steiner immer wieder von drei weltgeschichtlichen und jeweils *einmaligen* Inkarnationen übermenschlicher Wesenheiten – diejenige Luzifers im dritten vorchristlichen Jahrtausend, diejenige des Christus an der Zeitenwende und die kommende Ahrimans. Es handelt sich, so Rudolf Steiner, um «Menschheitsinkarnationen», die an der Achse der Zeitenwende gespiegelt sind. Luzifer und Ahriman wirken bereits seit sehr viel längeren Zeiträumen auf die Entwicklung der Erdenmenschheit; in «Menschengestalt» aber trat Luzifer erst im dritten Jahrtausend vor Christus im «Osten Asiens» auf, genauer in China, wie Rudolf Steiner präzisierte, in der Lebensgeschichte eines Menschen, der in einer Familie von Mysteriendienern groß wurde.[14] Ab seinem 40. Lebensjahr durchdrang dieser Mensch den Mysterieninhalt mit Urteilskraft und leitete damit – als reale Inkarnation Luzifers – eine neue Entwicklungsepoche ein. («Er war gewissermaßen der Erste, der sich der Organe des menschlichen Verstandes, aber nur in Anlehnung an die Mysterien, bedienen durfte.»[15]) Die dadurch möglich gewordene luziferische Weisheit durchstrahlte als «alte Urweisheit» nicht nur die ganze asiatische Kultur, sondern wirkte bis in die hellenische Zeit hinein, ja, war noch in der griechischen Kultur ein bestimmender Faktor, auch ihrer hochentwickelten Philosophie. Nur das Judentum habe sich, so Steiner, in der Ausbildung seiner ganz eigenen Gewissens- und Moralkräfte dem luziferischen Einfluss widersetzt, der ansonsten überall dominant war und noch zuletzt die Gnosis prägte. Allerdings hat, so Rudolf Steiner, Luzifer oder der luziferische Einfluss in und mit der Gnosis auch die Aufnahme des Christus-Impulses im Denken, Fühlen und Empfinden der Menschen ermöglicht und dadurch teilweise segensreich gewirkt – «in dasjenige, was von Luzifer als das Beste den Menschen gegeben war, leuchtete der Christus-Impuls hinein».[16] «Mit dem, was die Menschen von Luzifer aufgenommen hatten, verstanden sie [die Gnostiker] den Christus.» Über die erd- und leibflüchtige Problematik oder Einseitigkeit der Gnosis hatte Steiner in anderen Vorträgen wiederholt gesprochen – und in seinem Berner Vortrag vom 4. November 1919 bezeichnete er die vier traditionellen Evangelien geradezu als notwendiges «Gegengewicht» gegen die luziferisch imprägnierte Gnosis.[17] Dennoch war die gnostische Bewegung von großer Bedeutung und geistesgeschichtlich notwendig. Luzifers Inkarnation habe, so Steiner, noch bis ins vierte nachchristliche Jahrhundert gewirkt; dann sei der Einfluss Ahrimans immer mächtiger geworden.

*

Die Wirkung Ahrimans wird sich bis zu seiner realen Inkarnation im dritten nachchristlichen Jahrtausend steigern, bis zu seiner «westlichen Inkarnation» – seiner Inkarnation *im Westen* –, von der Rudolf Steiner schon in seinem ersten diesbezüglichen Vortrag vom 27. Oktober 1919 sprach. Im Zentrum seiner mündlichen Darstellungen zu diesem weltgeschichtlichen Ereignis aber stand bis Ende Dezember 1919 nie das kommende Geschehen in seinen Einzelheiten, sondern Ahrimans lange Vorbereitungen auf dem Weg dorthin, seine «Machinationen», durch die er den «Triumph seiner Inkarnation» einleitet. Er schafft sich, so Rudolf Steiner, «Werkzeuge», «durch die er sich vorbereitet, was da kommen soll»[18], darunter nicht zuletzt «gewisse Denk- und Vorstellungsarten» der Menschen, die ihm in die Hände arbeiten. «Denn sehen Sie, Ahriman bereitet gut sein Ziel vor.»[19] Ideal für ihn ist, wenn die «schlafenden» Menschen seine «Machinationen» für etwas Gutes, Modernes, Notwendiges und absolut Fortschrittliches halten, für etwas «der Menschheitsentwicklung Angemessenes»[20]. Über welche Vorbereitungen und Werkzeuge sprach Rudolf Steiner Ende des Jahres 1919 dabei im Einzelnen?

Er nannte unter anderem die Tendenz zur Verabsolutierung oder quasi-religiösen Überhöhung einer intellektuell-rationalistischen Naturwissenschaft, den Szientismus oder, so Steiner, den «Aberglauben» an die sinnesempirisch gestützte Forschung als per Definition einzigem Weg zur «Wahrheit». An einer solchen Entwicklung hat Ahriman das «allergrößte Interesse»; am 27. Oktober 1919 sagte Rudolf Steiner in Zürich:

> Er würde den größten Erfolg haben können, den stärksten Triumph erleben können, wenn es zuwege gebracht werden könnte, dass jener wissenschaftliche

> Aberglaube, der heute alle Kreise ergreift, und nach dem die Menschen sogar ihre Sozialwissenschaft einrichten wollen, bis ins 3. Jahrtausend hinein herrschen würde, und wenn Ahriman dann als Mensch zur Welt kommen könnte innerhalb der westlichen Zivilisation und den wissenschaftlichen Aberglauben finden würde.[21]

Zu dem «wissenschaftlichen Aberglauben», der praktische Wirklichkeit werden soll, rechnete Rudolf Steiner unter anderem die mathematisch-mechanische Auffassung und Erfassung des Weltalls, das methodische Postulat eines großen kosmischen «Mechanismus», die Astrophysik und Astrochemie als *alleinige* Erkenntniszugänge zum «Himmelsraum»; immer weitergehend werde die Vorstellung verbreitet und popularisiert, dass «dasjenige, was um die Erde herum liegt, [...] entgeistigt, entseelt, sogar entlebendigt» ist.[22]

Weiter sprach Rudolf Steiner über die ökonomische Zufriedenstellung und Ablenkung der Menschen in den wohlhabenden Industrienationen als einer gezielten Vorbereitungsstrategie Ahrimans, durch die die Menschheit über ihre «wichtigsten Angelegenheiten» getäuscht werden soll. Er sprach über die Förderung des «ökonomischen Typus Mensch», der immer dominanter und am Ende auch das politische Geschehen vollständig dominieren werde – *«die Herrscher, sie sind ja nur die Handlanger der ökonomischen Menschen»*[23]. Alles andere als die ökonomische Realität werde in Zukunft als nicht mehr relevant erachtet werden, auch nicht die Welt der Ideen – der Nominalismus, das «Leben in Worten» und die intellektuellen Theorien werden dann die Universitäten bestimmen; auch das konservierte Wissen der Bibliotheken, das keinen Weg mehr ins Leben findet, betrachtete Rudolf Steiner in diesem Zusammenhang als «gutes Förderungsmittel für Ahriman»[24]. Spirituelle Impulse würden zunehmend als Chimäre erklärt und von ihrer potentiellen Wirksamkeit abgeschnitten. Auch die deformierte Christologie gewichtete Rudolf Steiner in diesem Zusammenhang außerordentlich hoch. Ganz besonders förderlich für die Inkarnation Ahrimans aber sei die materialistische Interpretation der Evangelien bzw. der Ereignisse der Zeitenwende. Nirgendwo sei die Herrschaft des Materialismus stärker und folgenreichster als in diesem Bereich. Die moderne Theologie habe den kosmischen Sonnengeist des Christus und seine Inkarnation vollkommen verfremdet, verbreite lediglich die Kunde vom «schlichten Mann aus Nazareth» und diffamiere alle Wege zur geistigen Erkenntnis der Christus-Wirklichkeit. Dadurch würden die spirituellen Hintergründe des Daseins, der geistigen Weltgeschichte und des Mysteriums der Erde verdeckt, damit auch alles Wissen um die Dreigestalt der Inkarnationen von Luzifer, Christus und Ahriman. *«Am meisten»*, so Steiner wiederholt, werden die ahrimanischen Absichten durch dieses «Stehenbleiben» bei Jesus gefördert, durch das rein äußerliche Christentum. «Die Konfessionen sind geradezu Förderungsgebiete, Förderungsböden für das ahrimanische Wesen.»[25] Am 27. Oktober 1919 sagte er in Zürich:

> Daher bilden für Ahriman, wenn er in der modernen Zivilisation in Menschengestalt erscheinen wird, gerade diejenigen den Anfang einer Herde, die heute nur auf das Evangelium schwören und jede Art von wirklicher Geist-Erkenntnis ablehnen möchten aus den Konfessionen und aus den Sekten heraus, die nicht lernen wollen, die abweisen wollen alles dasjenige, was geistige Anstrengung zu konkretem Erkennen

> verursacht. Aus diesen Kreisen heraus werden sich ganze Scharen für die Anhängerschaft des Ahriman entwickeln.[26]

Generell, so Steiner, werde die Aufspaltung der Menschen in sich bekämpfende Gruppen dramatisch zunehmen, und dies keinesfalls nur im Hinblick auf religiöse Fragen. Auch im Umgang mit wissenschaftlichen «Belegen» oder «Beweisen» für ein erstrebtes Vorgehen werde sich die Militanz der Auseinandersetzung immer weiter steigern. Verschiedene Gruppierungen werden, so sagte Rudolf Steiner voraus, für sich und ihre Auffassung die Eindeutigkeit wissenschaftlicher «Fakten» in Anspruch nehmen; man könne jedoch «von allen diesen Dingen ganz genau ebenso exakt das Gegenteil beweisen»[27]. Die so geführten «Beweise» reichen nicht an die Realität bzw. in die «Tiefe» des Seins, berühren nur eine obere Schicht der Wirklichkeit. Am 1. November 1919 hieß es dazu:

> Dann werden sie das Entgegengesetzte beweisen, der Eine dieses, der Andere jenes, die eine Gruppe dieses, die andere Gruppe jenes; und da man beides beweisen kann, so werden die Menschen übergehen zu Hass und Erbitterung, die wir ja genügend in unserer Zeit finden. Das alles sind wiederum Dinge, die Ahriman fördern will zur Förderung seiner eigenen Erdeninkarnation.[28]

Ein besonderes Vorbereitungsmittel werde für Ahriman dabei der Umgang mit Zahlen sein, «der statistische Beweis» und der generelle Glaube an die beweisende Zahl, das absolute Vertrauen in das «objektiv» Quantifizierbare. «Und Ahriman macht mit den Zahlen, an die die Menschen glauben, seine Rechnung [...]. Nur kommt man nachher dahinter, wie ‹sicher› seine Zahlen sind.» «Die Zahlen sind es, durch welche die Menschen in einer Richtung verführt werden, durch die Ahriman am besten seine Rechnung findet für seine künftige Inkarnation im 3. Jahrtausend.»[29] «Sobald man nicht von den Zahlen auf das Qualitative sieht, über die Zahl hinaussieht und auf das Qualitative sieht, kann man durch die Zahl am meisten getäuscht werden.»[30] Ahriman, so Rudolf Steiner, könne am meisten erreichen, «wenn die Zahlen als Beweismittel angeführt, als Beweismittel angesehen werden»[31].

*

Die Anthroposophie als Geisteswissenschaft werde Ahriman mit allen Mitteln und Methoden aus dem öffentlichen Leben zurückzuweisen versuchen; man könne Ahriman keinen größeren Dienst leisten, «als herbeizuführen, dass eine Anzahl von Menschen die anthroposophische Literatur nicht liest», sagte Steiner am 28. Dezember 1919 in Stuttgart[32] – kurz nachdem der Jesuitenpater Otto Zimmermann das päpstliche Verbot einer Lektüre theosophischer Schriften durch Katholiken im November 1919 auch auf die Anthroposophie übertragen hatte. Die gezielte Diffamierung der Anthroposophie in der Öffentlichkeit ist, so Rudolf Steiner, durchaus in diesem Zusammenhang zu sehen. Die anthroposophische Geisteswissenschaft störe *als solche* Ahrimans Vorbereitung seiner Inkarnation; darüber hinaus in ihren praktischen Initiativen, weswegen auch die soziale Dreigliederung mit Vehemenz bekämpft werde. Der nationale Einheitsstaat bedeute unabhängig von seiner jeweiligen Verfassung und Struktur den «Weg» zur Inkarnation Ahrimans[33]; daher werde gerade der Grundgedanke der sozialen Dreigliederung mit solcher Aggressivität zurückgewiesen. Das «Sich-Hinwegsetzen über die wichtigsten Wahrheiten» baue Ahriman die «beste Brücke» für das «Gedeihliche» seiner Inkarnation. Er arbeite dabei mit sozialen Zersplitterungen aller Art, nicht nur mit nationalen Abgrenzungen, sondern auch mit dem scheinbar Trennenden der Vererbungsverhältnisse, der Abschließung in Familien, Völker, Rassen etc. «Alles dasjenige, was die Menschen spalten kann in Menschengruppen, was sie entfernt von dem gegenseitigen Verständnis über die Erde hin, was sie auseinanderbringt, das fördert zu gleicher Zeit Ahrimans Impulse.»[34] *«Das beginnt alles zu werden. Das ist da, das wirkt in der heutigen Menschheit.»*[35]

*

Ahriman, so Rudolf Steiner, wird sich in der westlichen Inkarnation inkarnieren, «die dann kaum noch Zivilisation zu nennen sein wird in unserem Sinne»[36] (wovon die US-amerikanischen Verhältnisse des Jahres 2020 – und schon seit länger – eine Vorahnung gaben). Über die besonderen Umstände dieser Inkarnation äußerte sich Steiner, wie zuvor betont, nicht im Einzelnen, machte jedoch in seinem Berner Vortrag vom 4. November 1919 die folgende Bemerkung:

> Bewusst muss die Menschheit entgegenleben der Ahrimaninkarnation unter den Erschütterungen, die auf dem physischen Plan eintreten werden. Unter den fortwährenden Kriegs- und anderen Nöten der nächsten Menschenzukunft wird der menschliche Geist gerade sehr erfinderisch werden auf dem Gebiete des physischen Lebens. Und durch dieses Erfinderischwerden auf dem Gebiete des physischen

> Lebens, das nicht in irgendeiner Weise abgewendet werden kann durch dieses oder jenes Verhalten – es wird eintreten wie eine Notwendigkeit –, durch dieses wird möglich werden eine solche menschliche leibliche Individualität, dass in ihr sich Ahriman wird verkörpern können.[37]

Steiner erwähnte in diesem, nur kurz und kursorisch von ihm gestreiften Zusammenhang des «Erfinderischwerdens» auf dem «Gebiet des physischen Lebens» auch die kommenden Manipulationen der menschlichen Leiblichkeit zur Steigerung kognitiver Funktionen («Man wird lernen, was man essen und trinken muss, um recht gescheit zu werden.»[38]). Ahriman werde schließlich mit «ungeheurer Macht zu irdischer Verstandeskraft» über die Erde «wandeln».[39] Und diese Entwicklung, die Entwicklung in Richtung seiner Inkarnation und gesteigerten Wirksamkeit, sei, so Rudolf Steiner, unaufhaltbar, ja, sie sei Teil der notwendigen Entwicklungsgeschichte der Menschheit auf Erden – und kein selbstverursachtes Unglück: *«Diese Tatsache [der Inkarnation Ahrimans] ist der Erdenentwickelung vorgeschrieben.»*[40] Es gehe jedoch darum, den Vorgang seiner Inkarnation und ihrer notwendigen Vorbereitungen bewusst mitzuerleben, hellwach und aufmerksam in allen Stadien zu verfolgen – «das, worauf es ankommt, ist, dass die Menschheit nicht das Erscheinen des Ahriman verschläft».[41] Man müsse, so Steiner, die ahrimanischen «Machinationen» durchschauen und das richtige innere Verhältnis zu ihnen finden; viel werde davon abhängen, ob es Ahriman gelinge, alle Menschen zu seinen «Anhängern» zu machen, oder auf welchen Widerstand er bei Einzelnen oder in Gemeinschaften stoße. Vordringlich sei daher, die ahrimanischen Vorbereitungen und Kräfte rechtzeitig «voll [zu] erkennen», auch die Kräfte, «durch die das Ahrimanische wirkt», des Weiteren die Kräfte des Widerstands, durch die sich die Menschheit wappnen könne, «um nicht versucht und verführt zu werden durch die ahrimanischen Mächte»[42]. «Wir müssen dasjenige erkennen lernen, was in der Welt wirkt, und uns danach verhalten um der Welt willen.»[43] Die Bereitschaft und das Vermögen, sich der Inkarnation Ahrimans und all seinen Vorbereitungen mit «vollem Bewusstsein» entgegenzustellen, ohne sie verhindern oder ihnen ausweichen zu können, wird, so Rudolf Steiner, in naher Zukunft eine Frage des Mutes, der Energie und des Willens sein. Als wesentlich erachtete Steiner dabei die intensive, kritische und genaue Auseinandersetzung mit der zeitgenössischen Naturwissenschaft in ihrer materialistischen Ausprägung, die sein Lebenswerk kennzeichnete. Es sei wichtig, so betonte er, die Wissenschaft nicht vollständig Ahriman zu überlassen und sie vermeidend zu umgehen, sondern vielmehr sich ihr voll und ganz zuzuwenden – auch in ihrer partiell illusionären Dimension –, sich ganz auf sie einzulassen, jedoch mit kritischem Bewusstsein. Am 2. November 1919 führte Steiner aus, es gehe geradezu darum, luziferische Kräfte in den ahrimanischen Wissenschaftsbetrieb hineinzutragen, Begeisterung, Wärme und Hingabe, um dem wirksamen Christus-Impuls den Weg bereiten zu können – «dann bringen wir etwas, was eigentlich dem Ahriman gehören soll [die Wissenschaft] durch unser eigenes luziferisches Interesse von Ahriman los»[44]. Die Erweiterung, das «Hinaufheben» bzw. die Durchgeistigung der Naturwissenschaft, ihre Durchdringung mit dem Christus-Impuls sei das Ziel[45], wobei Rudolf Steiner die mögliche Verwandlung der Astrophysik in eine Astrosophie außerordentlich hoch gewichtete.[46] «Geist und Seele» müssten neuerdings im Kosmos gesucht und gefunden werden –

«Das ist es, was Ahriman […] zugunsten seiner irdischen Inkarnation ganz besonders vermeiden möchte.»[47].

Des Weiteren gelte es in umgekehrter Richtung, geradezu ahrimanische Kräfte in den inneren Schulungsweg aufzunehmen, d.h. die Kräfte der exakten Beobachtung und nüchternen Analyse bei der Introspektion zur Anwendung zu bringen. «Indem wir mit unserem eigenen Ahrimanischen in uns hineingehen» und eine Objektivität nach innen entwickeln, mit «ahrimanischer Kaltblütigkeit»[48] und in schonungsloser Selbsterkenntnis, arbeiten wir gegen die luziferische Tendenz unseres seelischen Innenlebens, gegen die Verführung zur selbstbezogenen Esoterik und Mystik, gegen die Überschätzung der eigenen Person und ihrer scheinbaren Möglichkeiten, auch gegen den falschen, weil egozentrischen Umgang mit der Anthroposophie.

Rudolf Steiner sprach in diesem thematischen Zusammenhang noch über verschiedene andere Möglichkeiten, sich der kommenden Inkarnation Ahrimans entgegenzustellen bzw. bereits ihre Vorbereitungen zu erschweren – so über die Schaffung eines freien Geisteslebens als Teil der sozialen Dreigliederung, über die geisteswissenschaftliche Durchdringung der Evangelien und das ideenrealistische Eindringen in das «innere Wesen der Dinge»[49] (anstelle des herrschenden Nominalismus und subjektiven Konstruktivismus). Er ließ jedoch nie einen Zweifel an den unaufhaltsam kommenden Entwicklungen entstehen. Ahriman *wird* wesenhaft kommen, aber die Menschen können ihm entgegentreten und selbst bestimmen, «was sie von ihm lernen mögen, was sie von ihm aufnehmen mögen»[50] – *und was nicht*. Von entscheidender Bedeutung werde sein, ihm, Ahriman, «Auge in Auge» gegenüberzutreten und eine «freie Stellung» ihm gegenüber zu beziehen; es sei in gewisser Weise sogar möglich, etwas

Gutes aus der Ahriman-Inkarnation zu machen. Am 4. November 1919 sagte Steiner diesbezüglich in Bern:

> Eine Aufgabe der Menschen für die nächste Zivilisationsentwickelung wird es sein, so voll bewusst der Ahrimaninkarnation entgegenzuleben, dass diese Ahrimaninkarnation der Menschheit gerade dient in Bezug auf die Förderung einer höheren geistigen, einer spirituellen Entwickelung dadurch, dass man gewahr wird gerade an Ahriman, was der Mensch durch das bloße physische Leben erlangen oder, sagen wir, nicht erlangen kann.[51]

Durch die Erkenntnis Ahrimans werde die Grenze und die eingeschränkte Bedeutung des physischen, damit aber auch des rein intellektuellen, unspirituellen Lebens deutlich. Eine klare Erkenntnis des Ahrimanischen – und Luziferischen – ermögliche und eröffne den Weg zu Christus.[52]

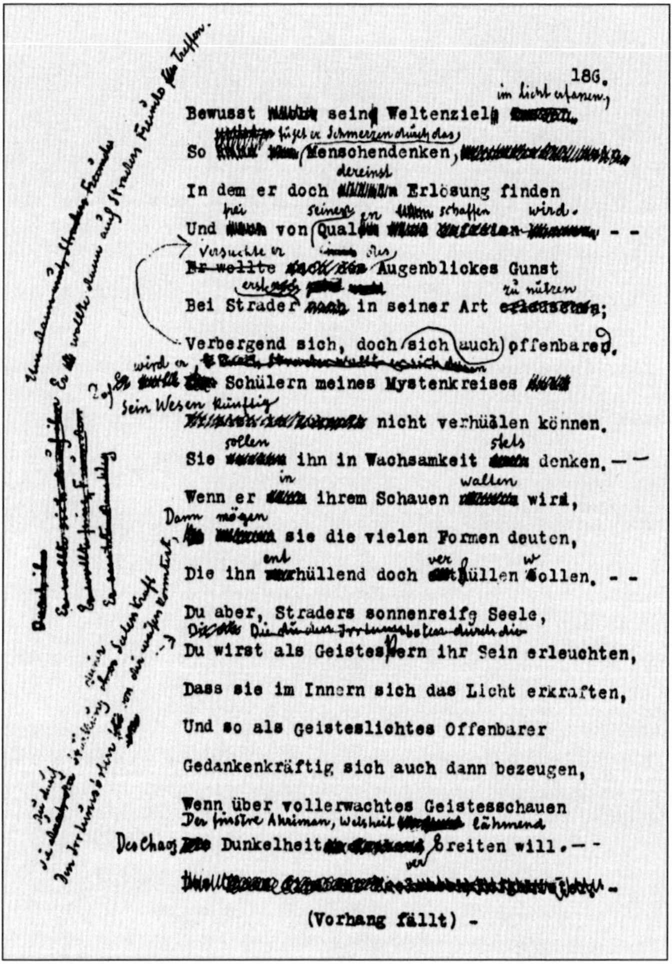

186.

Bewusst sein Weltenziel

So Menschendenken,

In dem er doch Erlösung finden

Und von Qual - -

Augenblickes Gunst

Bei Strader in seiner Art ;

Verbergend sich, doch sich auch offenbaren.

Schülern meines Mystenkreises

nicht verhüllen können.

Sie ihn in Wachsamkeit denken. - -

Wenn er ihrem Schauen wird,

sie die vielen Formen deuten,

Die ihn hüllend doch hüllen sollen. - -

Du aber, Straders sonnenreife Seele,

Du wirst als Geistesstern ihr Sein erleuchten,

Dass sie im Innern sich das Licht erkraften,

Und so als Geisteslichtes Offenbarer

Gedankenkräftig sich auch dann bezeugen,

Wenn über vollerwachtes Geistesschauen

Dunkelheit breiten will. - -

(Vorhang fällt) -

Rudolf Steiner: Handschriftlich korrigiertes Typoskript der Druckvorlage der letzten Seite des vierten Mysteriendramas. Aus: *GA 44,* S. 430.

2. «Der Seelen Erwachen» Ahriman in den Mysteriendramen, 1910–1913

Es gibt nur Ein Gebiet im Geisterland,
In dem das Schwert geschmiedet werden
kann, Vor dessen Anblick du verschwinden
musst.[53]

In seinen vier Mysteriendramen brachte Rudolf Steiner in den Jahren 1910 bis 1913 im Verlauf einer hochdynamischen Handlung anschaulich auf die Bühne, was seit Jahren Inhalt seiner anthroposophischen Geisteswissenschaft war. Die vier Dramen standen in einem genau umrissenen Zusammenhang mit der Entwicklung der Anthroposophischen Gesellschaft[54] und sollten zu einem Schulungs- und damit auch Erkenntnismittel ihrer Mitglieder werden, bis hin zur Bühnen-Darstellung einer ahrimanischen Wesens-Kunde («… seines Wesens Kunde …»[55]), zur Darstellung von Ahrimans Strategien und seiner Wirksamkeit, die es zu durchschauen gilt. Johannes Thomasius sagt an einer Stelle über ihn:

Was Menschen über ihn zu wissen meinen,
Hat keinen Wert. Verstehen kann ihn nur,
Wer seine Wesenheit im Geist geschaut.[56]

Wie tritt Ahriman in den Mysterienspielen in seinem Wesen und seinem Vorgehen in Erscheinung? Wie ist sein eigenes, handelndes Selbstverständnis? Er spricht von seiner «Festigkeit» und der «Härtung» eines «sichern Bodens», die er den Menschen ermögliche – durch die

Sinnes- und Verstandesorientierung, aber auch durch alle verdichtenden, sklerotisierenden Kräfte, die zu ihm gehören. Er ist der «Kenner der Weltgesetze», der Gesetze seiner eigenen, ahrimanischen Erdenwelt und des leeren, physikalischen «Kosmos»; er ist irdisch präsent, kann mit «Leibesaugen» in allem «Erdenwerden» gesehen werden, im verdichteten Licht der Sinnes-Erfahrung – und er verspricht dem Menschen, in seiner alleinigen Orientierung am Sinnes-bezogenen Verstand zum «Selbstsinn» zu kommen («Ich führe dich / In wahre Wesenheit»[57]). Ahriman ist ein intelligenter Verführer, «aller Täuschung Vater» und ein «Geist des Trugs», der mit Aspekten der Wahrheit arbeitet, «klug berechnend». Er bemächtigt sich der schlafenden Menschenseelen, aber auch ihrer guten Werke, sofern sie sie nicht mit den besten Kräften ihrer Individualität in Verbindung halten und schützen können. «Ich werde Ahriman dann lieben müssen / Und freudevoll als Eigentum ihm geben, / Was mir entstammt im Reich des Erdenlebens», sagt Johannes Thomasius[58]; es geht dabei jedoch nicht nur um ein Buch, sondern um die ganze menschliche Wesenheit. Ahriman bannt die Menschen an die Erde und das Erdenleben, fixiert sie an das Sinnlich-Physische und Einmalige; er kämpft in den Dramen daher auch mit Energie gegen das «Wahneswissen» der Reinkarnation und gegen jede diesbezügliche Erinnerung, die er als subjektive Projektion zu degradieren versucht – «... Dass Benedictus nur aus deinem Hirn / Die Bilder nahm und sie in frühe Zeiten setzte: / Die kannst du klar aus eignem Wissen finden ...»[59]. Maria ist die Erste aus dem Schülerkreis des Benedictus, die sich ihm an diesem Punkt in freier Weise entgegenstellt; sie weiß um die Bedeutung der modernen Geisteswissenschaft, der spiritualisierten Intelligenz, für diese Auseinandersetzung, und bringt dies auch explizit zum Ausdruck:

Die hohen Schicksalsmächte haben weise
In dir [Ahriman] den Widersacher sich bestellt;
Du förderst alles, das du hemmen willst.
Du bringst den Menschenseelen Freiheitsmacht,
Wenn du in ihre Seelengründe dringst.
Von dir entspringen die Gedankenkräfte,
Die Ursprung zwar der Wissens-Truggebilde,
Doch auch des Wahrheitssinnes Führer sind.
Es gibt nur Ein Gebiet im Geisterland,
In dem das Schwert geschmiedet werden kann,
Vor dessen Anblick du verschwinden musst.
Es ist das Reich, in dem die Menschenseelen
Sich aus Verstandeskräften Wissen bilden
Und dann zur Geistesweisheit umgestalten.
Und kann ich mir in diesem Augenblicke richtig
Das Wahrheitswort zum Schwerte schmieden,
So wirst du diesen Ort verlassen müssen.
So höre du, der Vater ist der Täuschung,
Ob ich vor dir die Siegeswahrheit spreche.[60]

Maria widersetzt sich Ahriman unter explizitem Hinweis auf ihre Reinkarnationserinnerung an eine Situation des 14. nachchristlichen Jahrhunderts, die inhaltlich viel mit den schicksalhaften Werdebedingungen der neuen Geisteswissenschaft zu tun hat («Erinnerung für diese Zeit verleiht / Mir jetzt die Kraft, mich dir zu widersetzen»[61]). Maria entzieht sich Ahriman, er kann ihre Seele nicht erobern – und durch ihren Schutz hat er auch keinen direkten Zugriff auf Johannes Thomasius. Beide werden bewusst von Benedictus in Ahrimans Reich bzw. geradewegs zu ihm gesandt, unterstützt vom «Hüter der Schwelle», dem großen Begleiter des Menschen. «Wo find' ich Kraft zu innerm Widerstand?», fragt Thomasius Maria angesichts von Ahrimans Nähe.[62] Sie steht ihm bei:

Mein heilig ernst Gelöbnis strahlet Kraft;
Und deine Seele kann den Druck ertragen,
Wenn du die Heileswirkung fühlen willst.[63]

Ahriman kommt damit an zwei der Hauptprotagonisten des Schicksalsdramas nicht heran. «Ungünstig meinem Wirken ist die Zeit / Ich finde keinen Zugang zu den Seelen», so resümiert er im «Sonnentempel» des zweiten Mysteriendramas seine Situation zu dieser Zeit.[64]

*

Dennoch ist er mächtig. Im achten Bild des dritten Dramas wird sein Reich eigens gezeigt, sein «Totenreich» (Strader). Deutlich wird, dass spirituell suchende Seelen – im Drama: die Rosenkreuzer – sich hier oft Weisungen holen, weil sie sein Wesen nicht erkennen können: «Sie sehen mich und kennen mich doch nicht.» Sie befinden sich im Schlaf und Ahriman kann sie für seine Zwecke gebrauchen; er kann mit ihnen «rechnen» und sich ihrer bedienen. Entscheidend wichtig aber ist für ihn der Gewinn der Hauptprotagonisten aus der Gemeinschaft des Benedictus. Der Techniker Strader, der trotz anfänglicher Zweifel Zugang zur spirituellen Lehre und Gemeinschaft findet, wird von Benedictus in Ahrimans Reich geführt, um diesem zu begegnen und seine Arbeit gänzlich frei von ihm zu machen. «Vor welchem Geiste steht denn meine Seele?»[65] Ahriman gebietet, seinem Selbstzeugnis zufolge, dort, «wo Kräfte, die mechanisch brauchbar sind, / aus Schöpferquellen Stärke sich erwerben»[66]. Deswegen ist seine Erkenntnis für Strader auch so wesentlich, denn dieser möchte inmitten der materiellen Welt aus geistiger Erkenntnis technisch verändernd tätig werden. Er, Strader, vertritt die Zivilisationsbedeutung der neuen Geisteswissenschaft, bis hinunter in die Sphäre der Mechanik. Ahriman weiß, wie wichtig der Gewinn Straders für ihn ist. Benedictus, Ahrimans eigentlicher Gegner, wirkt nicht aus sich heraus, sondern als geistiger Lehrer durch seine Schüler. Indem diese sich auf den Weg der seelisch-geistigen Entwicklung begeben, d.h. die neue Wissenschaft des Geistes nicht nur aufnehmen und bejahen, sondern verinnerlichen und in individualisierter Weise praktisch anwenden, auf ihren seelischen Wegen und in ihrem beruflichen Handeln, können sie für die Geisteswissenschaft in der Welt, in den verschiedenen Feldern des Lebens, eintreten. Scheitern sie jedoch damit oder in sich selbst, so steht Benedictus, Ahriman zufolge, allein und auf verlorenem Posten – «*... der ist dann / Auf sich und seine Gründe angewiesen. / Die aber sind den Menschen nicht genehm. / Sie werden auf der Erde um so mehr / Gehasst, je wahrer sie sich zeigen können.*»[67]

Strader geht einen konsequenten Weg des Denkens, einen Weg der Verstandesklarheit, die sich mehr und mehr spiritualisiert; selbst die Tragfähigkeit und Wahrheit der Reinkarnationsperspektive leuchtet ihm in erster Linie *denkerisch* ein. Strader trägt in seinem Schicksal von alters her das Feuer- und Ich-Element des Willens, aber auch die Einsamkeit des Einzelgängers und eine besondere Christus-Sensibilität. Er hat eine jüdische Vergangenheit, die ihn mit ihrer «Milde» und «Güte», so Steiner, noch in seiner jetzigen Inkarnation durchwirkt, und trägt einen tiefen Ernst in seinem Wesen; er verfügt über ausgebildete, individuelle Gewissenskräfte und steht Luzifer denkbar fern (so fern wie das Judentum der luziferischen Gnosis). Zu Strader wird im zehnten Bild des dritten Dramas gesagt:

Du musstest an dem Geistesorte stehen,
Der allem Denken Stillstand streng befiehlt.
Wie deine Hand den Hammer stets ins Leere
Nur führen müsste, und die eigne Kraft
Sich ihrer selbst bewusst nicht werden könnte,
Wenn sie an keinen Amboss schlagen würde,
So könnte Denken nie sich selbst ergründen,
Wenn Ahriman ihm nicht entgegenstünde.
In deinem Leben führte alles Denken
Zu Widerständen dich, die Schmerzen dir
Und schwere Zweifel in die Seele trugen.
Du lerntest dich in ihnen denkend kennen,
Wie Licht doch nur durch Widerschein sich selbst
In seiner Strahlenkraft erschauen kann.[68]

Strader weiß um Ahriman, auch um dessen Tragik in der Evolution des Menschen und der Welt; er hat sogar Mitleid mit ihm und ahnt seine Schmerzen in «manchen tausend Jahren», von denen Ahriman einmal gegenüber Johannes Thomasius spricht; er, Strader, sagt zu Ahriman: «Ich kann, – betracht' ich dich – nur – klagen, weinen.»[69] Ahriman möchte jedoch nicht Straders Anteilnahme, sondern seine Seele – und er weiß, dass Strader ihm mit seiner Arbeit gefährlich werden und sich ihm als Individuum entziehen kann, weil er das Verstandesdenken, das er Ahriman verdankt, in einen anderen, höheren Dienst stellt: «Ein Mensch erstrebt / Die Geistsubstanz, die er von mir erhalten, / Aus seinem Wesen gänzlich auszutilgen.»[70] Im Inneren der Erde, das im zwölften Bild des vierten Dramas sichtbar wird, sinnt Ahriman darüber nach, wie er Strader doch noch gewinnen kann («ich brauch den Strader jetzt»), um dadurch die gesamte Wirksamkeit der Gemeinschaft um Benedictus an einem entscheidenden Punkt aufzuhalten: «In Strader muss ich Benedictus schaden. Hat *der* den Strader nicht, so wird er weiter / Mit seinen andern Schülern nichts vollbringen.»[71] Strader weiß seit längerem, dass viele seiner Schwierigkeiten in der praktischen Umsetzung seiner technischer Ideen Ausdruck der inneren Auseinandersetzung mit Ahriman sind. «Bin ich für diesen Kampf denn auch gerüstet?», so fragt er zweifelnd Benedictus; hier geht es – anders als bei Thomasius' Frage an Maria – nicht nur um die Frage nach ausreichenden inneren Widerstandskräften gegen Ahriman, sondern um die reale Auseinandersetzung, um den «Kampf» mit ihm, den die Michaeliten der neuen Geisteswissenschaft mit Ahriman führen müssen. Strader wird dabei nicht wie Thomasius von der lebenden Maria, sondern von der verstorbenen Theodora unterstützt – er wird in gewisser Weise von Michael in Ahrimans Reich zu Christus geführt, dessen Licht ihm bereits in seiner mittelalterlichen Inkarnation vor Augen stand und das er in und bei Theodora wiederfindet.

Ahriman entscheidet sich schließlich, Strader an seiner eigenen technischen Erfindung irrewerden zu lassen; er soll zu der bitteren Erkenntnis geführt werden, dass sein neuer Mechanismus fehlerhaft sei, in seinen «Grundgedanken» falsch oder zumindest mit Mängeln behaftet; er soll durch die Impression des eigenen Irrtums, durch das eigene «irrtumsvolle Denken», den Glauben an sich selbst verlieren. Strader kennt Abgründe und auch den Abgrund des eigenen Seins; im vierten Bild des vierten Dramas wurde er von Maria auf dem Weg seiner esoterischen Entwicklung streng dazu aufgefordert, die an der Schwelle auftauchenden Dämonen mit einem eigenen Licht zu bescheinen. Auch Benedictus sagte damals zu ihm: «In deinen Abgrund blicke weiter noch.»[72] Strader geht den Weg der Geistesschülerschaft und weiß um den verzehrenden Zweifel in der ganzen Tiefe seiner denkenden Seele; er verfällt ihm jedoch trotz Ahrimans Intervention bis zuletzt nicht völlig, sondern bleibt überwindend bei seiner Sache, bis in die Stunde seines Todes hinein, in höchster Treue. Von der «hohen Seele» und der «lieben Seele» Straders spricht seine Pflegerin nach seinem Schwellenübergang, von seiner «sonnenreifen Seele» Benedictus. Strader, der aus langer Einsamkeit in die Gemeinschaft fand und auch in ihr, trotz Theodoras Begleitung, einsam blieb – einsam auch in der weltgeschichtlichen Dimension seiner Bewusstseinsseele und der notwendigen Auseinandersetzung mit Technik und Materie –, Strader bedurfte der Liebe, arbeitete jedoch auch unermüdlich aus Liebe, aus einer Liebe, «die sich viele Formen im Leben schafft, um sich zu offenbaren». In den Worten der Pflegerin: «Sein letztes Denken galt dem Werke noch, / Dem er in Liebe sich gewidmet hatte. – / Wie Menschen sich von Wesen trennen, die / Sie lieben, so verließ die Seele Straders / Das Erdenwerk, dem ihre Liebe galt.»[73]

Straders Schicksalsweg, inmitten der großen Auseinandersetzung Michaels mit Ahriman um die Zukunft der menschlichen Intelligenz, wird immer mehr zu einem Opfergang in Ahrimans Feld, dem Reich der Materie und der Technik. Strader möchte die Durchdringung des Mechanischen mit dem Moralischen und ist damit seiner Zeit weit voraus; wonach Ahriman strebt, ist das dämonische Gegenbild von Straders Anliegen. Von der Bedeutung des Strader-Opfers für die weiteren Schicksale der Gemeinschaft gibt sich Benedictus am Ende des vierten Dramas überzeugt. Straders «Geistesstern» werde den Freunden in Zukunft leuchten; Strader werde ihr Sein mit seinem Licht durchdringen.

*

Benedictus ist in das soziale Schicksal der Gemeinschaft mehr und mehr einbezogen, in die Wege – auch die Irrtumswege – ihrer zentralen Mitglieder. Als er selbst Ahriman vorübergehend nicht mehr zu erkennen vermag, obwohl er ihn schaut, trägt daran offenbar das «Chaos» der Gemeinschaft – und nicht sein eigenes – die Schuld («Wer bist du [Ahriman], der du dich aus meinem Chaos / Im Seelenkreise schattenhaft belebst?»[74]). Benedictus Schwäche ist nur vorübergehend, eine Schwäche, die kein Mangel ist, wohl aber ein temporärer Verlust der Souveränität in einer erschütterten und erschütternden Situation. Benedictus weiß, dass alles davon abhängt, Ahriman nicht nur zu schauen, sondern auch zu erkennen, ihn *denken* zu können – die mögliche Erlösung Ahrimans aus seiner weltgeschichtlichen Tragik hängt davon ab, was sich im Menschengeist vollzieht. *«O Mensch, erkenne mich»* – so lauteten Ahrimans allererste Worte, die er im vierten Bild des ersten Dramas sprach. Sie sind Aufforderung, können in gewisser Weise jedoch auch als Bitte gehört werden.

Ahriman hält sich zumeist verborgen – er ist sichtbar und unsichtbar zugleich:

Er strebt das Menschendenken zu verwirren,
Weil er in ihm die Quellen seiner Leiden
Durch einen altverderbten Irrtum sucht.
Er weiß noch nicht, dass ihm Erlösung nur
In Zukunft werden kann, wenn er sein Wesen
Im Spiegel dieses Denkens wiederfindet.
So zeigt er sich den Menschen wohl; doch nicht
Wie er in Wahrheit wesenhaft sich fühlt.[75]

«Durch Jahre hindurch haben wir in München versucht, unsere Mysterienspiele in Szene zu setzen, sie so zu gestalten, dass von dieser Seite her unserer geistigen Bewe-

gung Kraft zuströmen konnte», sagte Rudolf Steiner am 10. Mai 1914 in Kassel.[76] Die Mysterienspiele sind ein existentielles Drama der Moderne und sie wurden für eine michaelische Gemeinschaft verfasst, nicht zuletzt für deren Auseinandersetzung mit Ahriman in einer zunehmend von ihm bestimmten Erdenwelt. «Und es ist unsere Welt ...»[77]

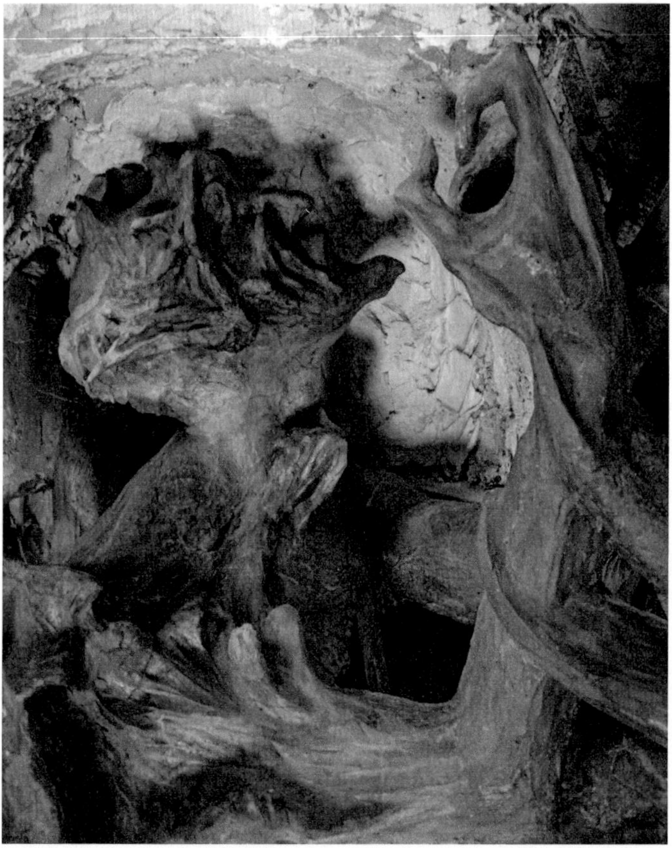

Oberer Ahriman, Rudolf Steiner, 1916–1917, 1:1-Modell der Gruppe. Aus Mirela Faldey / David Hornemann v. Laer (Hg.): *Im Spannungsfeld von Weltenkräften.* Dornach 2020, S. 16.

3. Der Kampf um die menschliche Intelligenz

Die Leitsätze 1924/25 und die Gegenwart

Das Bild vom Menschen, das wir für wahr halten, wird selber ein Faktor unseres Lebens. (Karl Jaspers[78])

Verwirrung und Verwüstung wird herrschen, wenn das Jahr 2000 herannaht. (Rudolf Steiner[79])

Für die Anerkenntnis der Tatsache, dass Ahriman sein Wesen im «Spiegel» des menschlichen Denkens wiederfinden und dass der Mensch ihn erkennen und in gewisser Hinsicht auch erlösen kann, setzte sich Rudolf Steiner bis zu seinem Tod ein. Er sah in dieser Erkenntnis eine wesentliche Aufgabe der Freien Hochschule für Geisteswissenschaft, die Michaels Einzug in die Zivilisation befördern soll – Michaels und nicht Ahrimans, auch wenn seine kommende Inkarnation der Erdenentwicklung «vorgeschrieben» ist.

Noch in der Zeit seines beginnenden Krankenlagers im Oktober und November 1924 schrieb Rudolf Steiner wegweisende Aufsätze über Michael und Ahriman – über den «Michaels-Weg» und über «Michaels Aufgabe in der Ahriman-Sphäre», über seine «Erfahrungen und Erlebnisse während der Erfüllung seiner kosmischen Mission», über «Menschheitszukunft und Michael-Tätigkeit», über das «Michael-Christus-Erlebnis im Menschen», über «Michaels Mission im Weltenalter der Menschen-Freiheit» und über «Die Weltgedanken im Wirken Michaels und im Wirken Ahrimans». In diesen Aufsätzen skizzierte Rudolf Steiner einmal mehr die geistige Entwicklung der Menschheit als «Inkarnation» des menschlichen Bewusstseins «auf der Leiter der Gedanken-Entfaltung». Er beschrieb die ursprünglich im Ich erfahrenen, durchgeistigten, beseelten und belebten Gedanken-Erlebnisse, die schließlich über den Seelen- und Lebensleib in den physischen Körper abgestiegen sind, sich nur noch dieser Kräftesphäre als eines «Spiegels» bedienen und dadurch einer fortschreitenden Abstraktion verfallen – ein Vorgang, den Rudolf Steiner als Preis der Ermöglichung von Eigenwille und Freiheit zur Darstellung brachte. Das Ich des modernen Menschen ist frei oder zur Freiheit befähigt, *weil* seine Gedanken keine zwingende Kraft oder Macht mehr haben, sondern in sich «tote Schatten» sind, abgelöst von der wesenhaften geistigen Welt, der sie ursprünglich entstammen. Der michaelische «Wiederaufstieg auf den Bahnen des Willens» ist in den Bereich der menschlichen Freiheit gestellt und kann unterbleiben, und der Mensch damit Teil der rein physischen Welt werden, ihrem Sog und ihrer Bannung. Rudolf Steiner beschrieb, wie die ahrimanische Geistigkeit bis zum Anbruch der Neuzeit nur einen geringen Zugriff auf den Menschen und seine Intelligenz hatte, eine «nur leise anklingende Macht», und wie das Menschenwesen göttlich-geistig gehalten war. Dann jedoch ereignete sich im Zuge der Übergabe der Intelligenz an das frei werdende Menschenwesen das «Gleiten in eine andere [ahrimanisch mitbestimmte] Weltgeschichte»[80] mit großen Gefahren und «verheerenden» Folgen.

Das Christus-Wesen aber, so führte Rudolf Steiner zugleich aus, ist dem Menschen seit dem Mysterium von

Golgatha in der Ahriman-Sphäre auffindbar – und kann ihn, mit Hilfe Michaels, aus dieser geleiten. Christus stieg aus dem Sonnen-Reich, «dem Michael selbst diente», zur Erde, «um da zu sein, wenn die Intelligenz völlig bei der menschlichen Individualität sein wird».[81] Christus lebt seit Golgatha durch sein «großes Opfer» in der Ahriman-Sphäre und ermöglicht dem Menschen die Wahl der Entscheidung – unterstützt von Michael, der dem Christus-Inkarnationsweg zur Erde seit dem achten nachchristlichen Jahrhundert nachfolgte. Michaels kosmischer «Blick» war, so Rudolf Steiner, «von Anfang an» auf die Menschheit gerichtet – und sein Ziel bestand von jeher darin, die der Menschheit zugängliche und sukzessive in ihr lebende Intelligenz in Zusammenhang mit göttlich-geistigen Wesen zu halten. Michael sah früh die Gefahr der Entfremdung und Instrumentalisierung dieser Intelligenz, ihrer realen Okkupation durch ahrimanische Wesen – «sie wollen, dass die von ihnen aufgesogene kosmische Intellektualität den ganzen neuen Kosmos durchstrahle und dass der Mensch in diesem intellektualisierten und ahrimanisierten Kosmos weiterlebe»[82]. Der Mensch muss in der Gegenwart den ahrimanischen Wesen begegnen und er kann ihnen – wenn er sich mit ihnen einlässt und verbindet – vollständig verfallen, oder den konträren Weg dazu gehen: «Der Erforscher der geistigen Welt *muss* heute die Menschheit auf die geistige Tatsache aufmerksam machen, dass Michael die geistige Führung der Menschheitsangelegenheiten übernommen hat. Michael vollbringt, was er zu vollbringen hat, so, dass er die Menschen nicht dadurch beeinflusst; aber *sie* können in Freiheit *ihm* folgen, um mit der Christus-Kraft den Weg aus der Ahriman-Sphäre wieder herauszufinden, in die sie notwendig kommen mussten. Wer ehrlich, aus dem tiefsten Wesen seiner Seele, sich mit Anthroposophie eins fühlen kann, der ist ein rechter Versteher dieses Michael-Phänomens. Und Anthroposophie möchte die Botschaft von dieser Michael-Mission sein.»[83] Michael hat im Zeitalter der Freiheit keine zwingende Macht über den freigewordenen Menschen:

> Aber als eine majestätische vorbildliche Handlung, in der an die sichtbare zunächst angrenzenden übersinnlichen Welt, kann Michael entfalten, was er entfalten will. Mit einer Licht-Aura, mit einer Geistwesen-Geste kann da Michael sich zeigen, in der sich aller Glanz und alle Herrlichkeit der vergangenen Götter-Intelligenz offenbart.
> Zur Erscheinung kann er da bringen, wie die Wirkung dieser Vergangenheits-Intelligenz in der Gegenwart noch wahrer, schöner und tugendhafter ist als alles in unmittelbarer Gegenwarts-Intelligenz, das in trugvollem, verführerischem Glanz von Ahriman herströmt. Er kann bemerklich machen, wie *für ihn* Ahriman immer der niedrige Geist unter seinen Füßen sein wird.
> Diejenigen Menschen, welche die an die sichtbare Welt angrenzende nächste übersinnliche schauen, nehmen so, wie hier geschildert, Michael und die Seinen bei dem wahr, was sie für die Menschen tun möchten. Solche Menschen sehen, wie der Mensch in Freiheit durch das Bild Michaels in der Ahriman-Sphäre von Ahriman ab zu Christus geführt werden soll. Wenn es solchen Menschen gelingt, durch ihr Schauen auch Herzen und Sinnen andrer Menschen aufzuschließen, damit ein Kreis von Menschen wisse, wie jetzt Michael unter den Menschen lebt, dann wird die Menschheit beginnen, Michael-Feste mit dem rechten Inhalt zu feiern, auf denen die Seelen werden in sich die Kraft

> Michaels aufleben lassen. Michael wird dann als eine reale Macht unter den Menschen wirken. Der Mensch aber wird *frei* sein und doch in inniger Gemeinschaft mit Christus seinen Geist-Lebensweg durch den Kosmos gehen.[84]

Rudolf Steiner gehörte in den Jahren vor der Wende zum 20. Jahrhundert in gewisser Hinsicht selbst zu den Menschen, die «in Freiheit durch das Bild Michaels in der Ahriman-Sphäre von Ahriman ab zu Christus geführt» wurden – in seiner Auseinandersetzung mit den Denkformen des wissenschaftlichen Materialismus und in der Sphäre der Initiation. In Weimar verfasste er in den 1890er Jahren seine michaelische «Philosophie der Freiheit»[85], auf die er im Zusammenhang seiner Leitsatz-Betrachtung vom Oktober 1924 explizit zurückkam: «Sich der Michael-Wirksamkeit im geistigen Weltzusammenhang recht bewusst werden, heißt das Rätsel der menschlichen Freiheit aus den kosmischen Zusammenhängen heraus lösen, soweit die Lösung dem Erdenmenschen notwendig ist. [...] In meiner ‹Philosophie der Freiheit› findet man die ‹Freiheit› des Menschenwesens in der gegenwärtigen Weltzeit als Inhalt des Bewusstseins nachgewiesen; in den Darstellungen der Michael-Mission, die hier gegeben werden, findet man das ‹Werden dieser Freiheit› kosmisch begründet.»[86]

In der zweiten Oktoberhälfte und Anfang November des Jahres 1924, wenige Monate vor seinem Tod, gewannen Rudolf Steiners Leitsatz-Aufsätze eine große, nachdrückliche Innerlichkeit – er schrieb vom möglichen und notwendigen «Einleben» in dasjenige, «was Michael und die Seinen mit ihren Taten, mit ihrer Mission unter uns sind»[87], sowie von der «inneren Anschauung von Michaels Wesen und Taten»[88]. Steiner charakterisierte in subtiler Ausführung das gemeinsame Wirken von Christus und seinem «Diener» Michael unter den Bedingungen der Gegenwart, im Innenwesen der menschlichen Seele und in ihrer geistgetragenen Verbindung mit der Außenwelt. («Michael verstehen, heißt heute den Weg finden zu dem Logos, den Christus unter Menschen auf der Erde lebt.»[89]) Steiner bezeichnete die Anthroposophie erstmals als eine «Christus-Michael-Sprache», die Aufschluss über das Wesen und die Entwicklung des Menschen und das «Werden des Kosmos» gibt; und er stellte dar, wie das michaelische Erkennen und Handeln einen geistigen Weg in die äußere Natur beinhaltet, der von luziferischen Einflüssen frei ist. Dieser Weg war in Goethes Naturwissenschaft und Weltanschauung ohne Zweifel antizipierend beschritten worden – und seine erkenntnismethodische Aufarbeitung und Darstellung hatte im Mittelpunkt von Steiners frühen, in Wien und Weimar verfassten Büchern gestanden.

Rudolf Steiner schilderte in der zweiten Oktoberhälfte und Anfang November 1924 aber auch den Innenweg zu Christus, der seit dem Mysterium von Golgatha der menschlichen Seele erreichbar sei; Christus könne im Innern «völlig konkret, menschlich tief und klar» aufgefunden werden, und zum Erleben echter und wahrer Menschlichkeit sowie zur rechten Stellung gegenüber Ahriman führen *(«Christus gibt mir mein Menschenwesen.»[90])*. «Den Blick nach der Außenwelt geistig auf Michael, den Blick nach dem Innern der Seele geistig auf Christus» gerichtet, findet der Mensch den gottgewollten Weg in die Zukunft.[91] Auf diese Weise war Rudolf Steiner selbst am Ende des 19. Jahrhunderts zu seinem eigentlichen geisteswissenschaftlich-anthroposophischen Werk fortgeschritten:

Durch Michael wird der Mensch gegenüber der äußeren Natur in der rechten Art ins Übersinnliche den Weg finden. Naturanschauung wird, ohne in sich selbst verfälscht zu werden, sich neben eine geistgemäße Anschauung von der Welt und vom Menschen, sofern er ein Weltwesen ist, hinstellen können.

Durch die rechte Stellung zu Christus wird der Mensch dasjenige, was er sonst nur als traditionelle Glaubens-Offenbarung empfangen könnte, im lebendigen Verkehr der Seele mit Christus erfahren. Die innere Welt des seelischen Erlebens wird als eine geistdurchleuchtete erlebt werden können wie die äußere Welt der Natur als eine geistgetragene.

Würde der Mensch ohne in dem Zusammenleben mit der Christus-Wesenheit den Aufschluss gewinnen wollen über seine eigene übersinnliche Wesenheit, so würde ihn dies aus seiner eigenen Wirklichkeit heraus- und in die ahrimanische hineinführen. Christus trägt in sich in kosmisch gerechtfertigter Art die Zukunfts-Impulse der Menschheit. Sich mit ihm verbinden, heißt für die Menschenseele ihre eigenen Zukunftskeime kosmisch gerechtfertigt in sich aufnehmen. Andere Wesen, die in der Gegenwart schon Gestaltungen aufweisen, die kosmisch für Menschen erst in der Zukunft gerechtfertigt sind, gehören der ahrimanischen Sphäre an. Sich mit Christus in rechter Art verbinden, heißt sich auch vor dem Ahrimanischen in der rechten Art bewahren.

Es liegt bei denjenigen, welche die Bewahrung der Glaubens-Offenbarungen vor dem Einfließen menschlicher Erkenntnis streng verlangen, die unbewusste Furcht vor, der Mensch könne auf solchen Wegen in ahrimanische Einflüsse hineinkommen. Das muss verstanden werden. Aber verstanden sollte *auch* werden, dass es zur Ehre und wirklichen Anerkenntnis Christi ist, wenn dem Erleben mit Christus das gnadeerfüllte Einfließen des Geistigen in die Menschenseele zugeschrieben wird.

So können in der Zukunft Michael-Erlebnis und Christus-Erlebnis nebeneinander stehen; dadurch wird der Mensch seinen rechten Freiheitsweg finden zwischen der luziferischen Abirrung in Denk- und Lebens-Illusionen und der ahrimanischen Verlockung in Zukunftgestaltungen, die seinen Hochmut befriedigen, die aber noch nicht *seine* gegenwärtigen sein können.

In luziferische Illusionen verfallen, heißt nicht voll Mensch werden, nicht bis zur Freiheit-Etappe vorschreiten wollen, sondern auf einer zu frühen Stufe der Entwickelung – als Gott-Mensch – stehenbleiben wollen. In ahrimanische Verlockungen verfallen, heißt nicht warten wollen, bis bei einem bestimmten Grade des Menschtums der rechte kosmische Augenblick gekommen ist, sondern diesen Grad vorausnehmen wollen.

Michael-Christus wird in der Zukunft als das Richtungs-Wort stehen im Beginne des Weges, auf dem der Mensch kosmisch-gerecht zwischen den luziferischen und den ahrimanischen Mächten zu seinem Welten-Ziele kommen kann.[92]

Seine Leitsatz-Aufsätze zu Michael, die die Motive der Karmavorträge fortführen und zur inneren, spirituellen Substanz der anthroposophischen Bewegung gehören, ließ Rudolf Steiner schließlich Mitte November 1924 kulminieren. Er verfasste und publizierte den Aufsatz «Die Weltgedanken im Wirken Michaels und im Wirken Ahrimans», der die «in der Entfaltung der intelligenten Kräfte tätigen Geistesmächte» in ihrer Polarität beschrieb – und damit den entscheidenden Kampf um den (intelligenten) Menschen unter den Bedingungen der zeitgenössischen Gegenwart und kommenden Zukunft. Rudolf Steiner versah den Aufsatz mit dem Datum des 16. November 1924:

> Michael entfaltete die Intellektualität durch den Kosmos hindurch in der Vergangenheit. Da tat er dieses als Diener der göttlich-geistigen Mächte, die sowohl ihm selbst wie dem Menschen den Ursprung gegeben haben. Und bei diesem Verhältnis zur Intellektualität will er bleiben. Als diese von den göttlich-geistigen Mächten sich loslöste, um den Weg in das Innere des Menschenwesens zu finden, da beschloss er, fortan sich in rechter Art zur Menschheit zu stellen, um in dieser sein Verhältnis zur Intellektualität zu finden. Aber er wollte all dieses nur im Sinne der göttlich-geistigen Mächte auch weiterhin als deren Diener tun, der Mächte, mit denen er von seinem und der Menschen Ursprunge her verbunden ist. So ist seine Absicht, dass in Zukunft die Intellektualität durch die Herzen der Menschen ströme, aber als dieselbe Kraft, die sie ausströmend aus den göttlich-geistigen Mächten schon im Anfange war.
>
> Ganz anders steht es bei Ahriman. Dieses Wesen hat sich seit langem aus der Entwickelungsströmung losgelöst, der die gekennzeichneten göttlich-geistigen Mächte angehören. Es hat sich in urferner Vergangenheit als selbständige kosmische Macht neben diese hingestellt. – Nun steht es in der Gegenwart zwar räumlich in der Welt darinnen, der der Mensch angehört, aber es entwickelt mit den rechtmäßig dieser Welt angehörenden Wesen keinen Kräftezusammenhang. Nur da

die Intellektualität, von den göttlich-geistigen Wesen losgelöst, an diese Welt herankommt, findet Ahriman sich mit dieser Intellektualität so verwandt, dass er sich auf seine Art durch sie mit der Menschheit verbinden kann. Denn er hat, was der Mensch in der Gegenwart wie eine Gabe aus dem Kosmos erhält, schon in urferner Zeit mit sich vereinigt. Ahriman würde, wenn ihm gelänge, was in seiner Absicht liegt, den der Menschheit gegebenen Intellekt ähnlich seinem eigenen machen. –

Nun hat Ahriman sich die Intellektualität in einer Zeit angeeignet, als er sie nicht in sich verinnerlichen konnte. Sie blieb eine Kraft in seinem Wesen, die mit Herz und Seele nichts zu tun hat. Als kaltfrostiger, seelenloser kosmischer Impuls strömt von Ahriman die Intellektualität aus. Und *die* Menschen, die von diesem Impuls ergriffen werden, entwickeln eine Logik, die in erbarmungs- und liebeloser Art für sich selbst zu sprechen scheint – in Wahrheit spricht eben Ahriman in ihr –, bei der sich nichts zeigt, was rechtes, inneres, herzlich-seelisches Verbundensein des Menschen ist mit dem, was er denkt, spricht, tut. –

Michael hat *sich* die Intellektualität aber nie angeeignet. Er verwaltet sie als göttlich-geistige Kraft, indem er sich verbunden fühlt mit den göttlich-geistigen Mächten. Dadurch zeigt sich auch, indem er die Intellektualität durchdringt, in dieser die Möglichkeit, ein Ausdruck des Herzens, der Seele ebenso gut zu sein wie ein solcher des Kopfes, des Geistes. Denn Michael trägt in sich alle die Ursprungskräfte seiner Götter und der des Menschen. Dadurch überträgt er auf die Intellektualität nichts Kalt-Frostiges, Seelenloses, sondern er steht bei ihr in warm-inniger, seelenvoller Art. Und hierinnen liegt auch der Grund, warum Michael mit ernster Miene und Geste durch den Kosmos wallet. Im Innern *so* verbunden sein mit dem intelligenten Inhalte, wie Michael es ist, bedeutet zugleich, die Anforderung erfüllen müssen, nichts von subjektiver Willkür, von Wunsch oder Begehren in diesen Inhalt hineinzubringen. Sonst wird ja Logik Willkür *eines* Wesens statt Ausdruck des Kosmos. Streng sein Wesen als Ausdruck des Weltwesens zu halten; alles, was sich im Innern als Eigenwesen regen will, auch in diesem Innern zu lassen: das betrachtet Michael als *seine* Tugend. Sein Sinn ist nach den großen Zusammenhängen des Kosmos gerichtet – davon spricht seine Miene; sein Wille, der an den Menschen herantritt, soll widerspiegeln, was er im Kosmos erschaut –, davon spricht seine Haltung, seine Geste. Michael ist in allem *ernst,* denn Ernst als Offenbarung eines Wesens ist der Spiegel des Kosmos aus diesem Wesen; Lächeln ist der Ausdruck dessen, was, von einem Wesen ausgehend, in die Welt hineinstrahlt.

Eine der Imaginationen von *Michael* ist auch diese: Er wallet durch den *Zeitenlauf,* das Licht aus dem Kosmos wesenhaft als sein Wesen tragend; die Wärme aus dem Kosmos als Offenbarer seines eigenen Wesens gestaltend; er wallet als *Wesen wie eine Welt,* sich selber nur bejahend, indem er die Welt bejaht, wie aus allen Weltenstätten Kräfte zur Erde niederführend.

Dagegen eine solche von *Ahriman:* Er möchte in seinem Gange aus der *Zeit den Raum* erobern, er hat Finsternis um sich, in die er die Strahlen des eignen Lichtes sendet; er hat um so stärkeren Frost um sich, je mehr er von seinen Absichten erreicht; er bewegt sich als Welt, die sich ganz in *ein* Wesen, das eigene, zusammenzieht, in dem er sich selber nur bejaht durch

Verneinung der Welt; er bewegt sich, wie wenn er die unheimlichen Kräfte finsterer Höhlen der Erde mit sich führte.

Wenn der Mensch die Freiheit sucht, ohne Anwandlung zum Egoismus, wenn ihm Freiheit wird reine Liebe zur auszuführenden Handlung, dann hat er die Möglichkeit, sich Michael zu nahen; wenn er in Freiheit wirken will bei Entfaltung des Egoismus, wenn ihm Freiheit wird das *stolze* Gefühl, *sich selber* in der Handlung zu offenbaren, dann steht er vor der Gefahr, in Ahrimans Gebiet zu gelangen.

Die oben geschilderten Imaginationen leuchten auf aus des Menschen Liebe zur Handlung (Michael) oder seiner Eigenliebe zu sich selbst, indem er handelt (Ahriman).

Indem sich der Mensch als freies Wesen in Michaels Nähe fühlt, ist er auf dem Wege, die Kraft der Intellektualität in seinen «ganzen Menschen» zu tragen; er denkt zwar mit dem Kopfe, aber das Herz fühlt des Denkens Hell oder Dunkel; der Wille strahlt des Menschen Wesen aus, indem er die Gedanken als Absichten in sich strömen hat. Der Mensch wird immer mehr Mensch, indem er Ausdruck der Welt wird; er findet sich, indem er sich nicht *sucht,* sondern in Liebe sich wollend der Welt verbindet.

Indem der Mensch seine Freiheit entfaltend in Ahrimans Verlockungen fällt, wird er in die Intellektualität hineingezogen, wie in einen geistigen Automatismus, in dem er ein Glied ist, nicht mehr *er* selbst. All sein Denken wird Erlebnis des Kopfes; allein dieser sondert es vom Eigenherzerleben und eignem Willensleben ab und löscht das Eigensein aus. Der Mensch verliert immer mehr von seinem innerlich wesenhaft-menschlichen Ausdruck, indem er Ausdruck seines Eigenseins wird; er verliert sich, indem er sich *sucht;* er entzieht sich der Welt, der er die Liebe verweigert; aber der Mensch erlebt *sich* nur wahrhaft, wenn er die Welt liebt.

Es ist aus dem Geschilderten wohl anschaulich, wie Michael der Führer zu Christus ist. Michael geht mit allem Ernste seines Wesens, seiner Haltung, seines Handelns in Liebe durch die Welt. Wer sich an ihn hält, der pfleget *im Verhältnis zur Außenwelt der Liebe.* Und Liebe muss im Verhältnis zur Außenwelt sich zunächst entfalten, sonst wird sie Selbstliebe.

Ist dann diese Liebe in der Michael-Gesinnung da, dann wird *Liebe zum andern* auch zurückstrahlen können ins eigene Selbst. Dieses wird lieben können, ohne sich selbst zu lieben. Und auf den Wegen solcher Liebe ist Christus durch die Menschenseele zu finden. Wer sich an Michael hält, der pfleget im Verhältnis zur Außenwelt der Liebe, und er findet dadurch *das* Verhältnis zur Innenwelt seiner Seele, das ihn mit Christus zusammenführt.

Das Zeitalter, das jetzt im Anbrechen ist, bedarf des Hinblickes der Menschheit auf eine Welt, die unmittelbar als geistige an die physisch empfundene angrenzt und in der solches zu finden ist, wie es hier als Michael-Wesenheit und Michael-Mission geschildert ist. Denn *die* Welt, die sich der Mensch im Anblicke *dieser* physischen Welt als die Natur ausmalt, ist auch nicht die, in der er unmittelbar lebt, sondern eine solche, die so weit *unter* der wahrhaft menschlichen liegt wie die michaelische *über* dieser. Nur merkt der Mensch nicht, dass unbewusst, indem er sich ein Bild seiner Welt macht, eigentlich das einer andern entsteht. Er ist, indem er dieses Bild malt, schon dabei, sich auszuschalten und dem geistigen Automatismus zu verfallen. Der Mensch kann seine Menschheit nur bewahren, wenn er *diesem* Bilde, in dem er sich als in dem Bilde der Naturanschauung verliert, das *andere* gegenüberstellt, in dem Michael waltet, in dem Michael die Wege zum Christus führt.[93]

*

Womit sich die Menschheit in der Gegenwart und nächsten Zukunft mit existentieller Anspannung ihrer Kräfte auseinanderzusetzen hat, umriss schließlich Rudolf Steiners letzter Aufsatz, den er erst kurz vor seinem Tode († 30. März 1925) abschloss und der posthum, im April 1925, veröffentlicht wurde. In ihm beschrieb er die «Mechanik des technischen Geschehens», die dem naturwissenschaftlichen Zeitalter seit Beginn des 19. Jahrhunderts eine neue Qualität verliehen hatte und die nun sukzessive dabei war, eine reale «Unternatur» zu schaffen, in der ahrimanische Kräfte in Reinform wirken. («Das weitaus meiste dessen, was heute durch die Technik wirkt und in das er mit seinem Leben im höchsten Grade versponnen ist, das ist *nicht Natur*, sondern *Unter-Natur*. Es ist eine Welt, die sich nach unten emanzipiert.»[94]) Zu dieser «ahrimanischen Kultur», deren Ausdehnung und Einfluss in der Zukunft immer weiter anwachsen wird, muss der Mensch, so Steiner, ein Verhältnis finden, um sein Menschsein nicht zu gefährden und einer individuellen Weiterentwicklung überhaupt teilhaftig werden zu können. In dieser weltgeschichtlichen Entscheidungssituation setzt Anthroposophie als reine Geisteswissenschaft ein, die mehr und anderes als Philosophie ist und bewirkt. Bereits zehn Jahre zuvor, im Januar 1915, inmitten des Weltkriegs, hatte Steiner in einem Berliner Vortrag über Michael und Ahriman betont: «Wir bieten dem Ahrimanischen dadurch Widerstand, dass wir gerade jenen Weg gehen, der immer wieder und wieder innerhalb unserer geisteswissenschaftlichen Strömung betont wird: den Weg der Spiritualisierung der menschlichen Kultur, des menschlichen Begriffs- und Vorstellungsvermögens.»[95] Durch die «Betrachtungen der spirituellen Wissenschaft, der Geisteswissenschaft» müsse eine «Ahnung» und das «Bewusstsein» von der Wirksamkeit und Realität «geistiger Kräfte» neu entstehen – in der aufgenommenen Lehre und in der durch sie ermöglichten Gewahrwerdung des eigenen, seelisch-geistigen Daseins, der tätigen und schöpferischen Individualität, so hatte Rudolf Steiner damals ausgeführt.[96] Nun, in der letzten Märzwoche 1925, schrieb er zum Abschluss und am Ende seines Erdenweges:

> Der Mensch muss die Stärke, die innere Erkenntniskraft finden, um von Ahriman in der technischen Kultur nicht überwältigt zu werden. Die Unter-Natur muss als solche begriffen werden. Sie kann es nur, wenn der Mensch in der geistigen Erkenntnis mindestens gerade so weit hinaufsteigt zur außerirdischen Über-Natur, wie er in der Technik in die Unter-Natur heruntergestiegen ist. Das Zeitalter braucht eine *über* die Natur gehende Erkenntnis, weil es innerlich mit einem gefährlich wirkenden Lebensinhalt fertig werden muss, der unter die Natur heruntergesunken ist. Es soll hier natürlich nicht etwa davon gesprochen werden, dass man zu früheren Kulturzuständen wieder zurückkehren soll, sondern davon, dass der Mensch den Weg finde, die neuen Kulturverhältnisse in ein rechtes Verhältnis zu sich und zum Kosmos zu bringen.
> Heute fühlen noch die wenigsten, welch bedeutsamen geistigen Aufgaben sich da für den Menschen heraus-

bilden. Die Elektrizität, die nach ihrer Entdeckung als die Seele des natürlichen Daseins gepriesen wurde, sie muss erkannt werden in *ihrer* Kraft, von der Natur in die Unter-Natur hinabzuleiten. Es darf der Mensch nur nicht mitgleiten.
In der Zeit, in der es eine von der eigentlichen Natur unabhängige Technik noch nicht gab, fand der Mensch den Geist *in* der Naturanschauung. Die sich unabhängig machende Technik ließ den Menschen auf das Mechanistisch-Materielle als das für ihn nun wissenschaftlich werdende hinstarren. In diesem ist nun alles Göttlich-Geistige, das mit dem Ursprunge der Menschheitsentwickelung zusammenhängt, abwesend. Das rein Ahrimanische beherrscht die Sphäre.
In einer Geistwissenschaft wird nun die andere Sphäre geschaffen, in der ein Ahrimanisches gar nicht vorhanden ist. Und gerade durch das erkennende Aufnehmen derjenigen Geistigkeit, zu der die ahrimanischen Mächte keinen Zutritt haben, wird der Mensch gestärkt, um *in der Welt* Ahriman gegenüberzutreten.[97]

*

Die Welt, in der wir heute Ahriman gegenüberzutreten haben, zeigt bereits in vielem seine unverwechselbare Signatur. Die rasante Zerstörung der Natur, das in seiner ganzen Dramatik und Dynamik nahezu unfassbare Artensterben (mit bis zu 200 täglich verschwindenden Pflanzen- und Tierarten auf Erden), der schwere Eingriff in die Ökosysteme, die damit verbundenen Zoonosen und Pandemie-Erkrankungen[98] und das umbrechende Klima mit allen Folgeerscheinungen, zu denen nicht nur Wetterextreme mit Hitzewellen und Dürren, mit «Starkregen» und tropischen Wirbelstürmen gehören, die Steigung des

Meeresspiegels und die Veränderung der Meeresströmungen, das Schmelzen der Gletscher und des Polareises sowie das Auftauen der Permafrostböden gehören – all dies kennzeichnet knapp 100 Jahre nach Steiners Leitsatz-Ausführungen die Erdenwelt. Sie, diese Erdenwelt, ist wie nie zuvor in Händen Ahrimans und des gigantischen Großkapitals. Nach Berechnung der OXFAM-Organisation besaßen 62 Multimilliardäre 2015 so viel Vermögen wie die Hälfte der Weltbevölkerung. 2014 waren es noch 80 Milliardäre gewesen, die den 3,5 Milliarden Anderen gegenüberstanden, 2017 sollen es nur noch acht gewesen sein. – Im Oktober 2020 wurde in der Schweiz eine Studie der Großbank UBS und der Beratungsgesellschaft PWC veröffentlicht, derzufolge das Gesamtvermögen der ca. 2200 Milliardäre in der COVID-19-Pandemie weltweit rapide gestiegen ist, auf insgesamt 10,2 Billionen Dollar. Dem menschlichen Vorstellungsvermögen etwas näherkommend – nicht absolut, aber in der Relation – war ein Bericht der «taz» vom 10. Dezember 2020. Dort wurde eine US-amerikanische Recherche vom «Institute for Policy Studies» und einer US-Organisation für Steuergerechtigkeit zitiert, der zufolge sich das Vermögen der ca. 650 Milliardäre der USA in der COVID-19-Pandemie um eine Billion Dollar auf insgesamt ca. vier Billionen Dollar erhöht hat, also um nicht weniger als ein Viertel. Inmitten des Elends der Erkrankung und des Elends der Corona-Maßnahmen profitierten die Großkonzerne der Digitalindustrie, die Betreiber großer Internet-Plattformen, der digitale Versandhandel sowie die Giganten der Pharmaimpfbranche. – Eine Handvoll Menschen besitzen gegenwärtig Billionen, und eine Milliarde anderer vegetieren am Rande des Existenzminimums, nach WHO-Angaben hungern weltweit 822 Millionen Menschen. Neun Millionen sterben jährlich am Hungertod.

Es ist ein Problem der Verteilungsgerechtigkeit und der Ernährungsmethoden, der Vernichtung ungeheurer Nahrungsmengen in reichen Industrienationen, der industriellen und zunehmend auch klimatischen Zerstörung von landwirtschaftlichen Nutzflächen in der «Dritten Welt» etc. Nach UNICEF verhungern täglich ca. 15 000 Kinder unter fünf Jahren oder sterben an vermeidbaren Krankheiten; sie kommen nicht in den Massenmedien vor, haben keine öffentliche Stimme, kein öffentliches Gewicht, keinen «lifeticker». Jean Ziegler, der von 2000 bis 2008 UN-Berichterstatter für das Recht auf Nahrung war, geht von jährlich ca. 50 Millionen Toten weltweit als Folgen unserer Wirtschaftsordnung aus. Die WHO erklärte zuletzt, dass die «Lockdown»-Maßnahmen eine nächste «schreckliche globale Katastrophe» ausgelöst hätten. Laut UNO-Bericht sind durch die weltweiten Maßnahmen ca. 1,6 Milliarden Menschen vom Verlust ihrer Lebensgrundlagen sowie 150 Millionen Kinder von akuter Armut bedroht. Während die Reichsten und Mächtigsten der Erde Billionengewinne in der Corona-Krise verbuchen, haben Hunger, Arbeitslosigkeit und Konkurse, aber auch medizinische und psychologische Probleme weltweit Höchstwerte erreicht. OXFAM berichtete, dass allein bis zum Juli 2020 ca. 121 Millionen weiterer Menschen in die absolute Hungersnot gedrängt wurden, und geht von ca. einer Million zusätzlicher Hungertoten im Gesamtjahr 2020 aus. Aber auch die COVID-19-Erkrankung selbst – und nur die Folgeschäden der «Lockdown»-Maßnahmen – trifft die Armen sehr viel mehr als die Reichen. Die Ärmeren und Kränkeren, die Geringverdiener, Arbeitslosen und Obdachlosen werden in ihrem geschwächten Abwehrsystem weltweit von der Pandemie häufiger und schwerer in Mitleidenschaft gezogen als die Wohlhabenden und komfortabel Lebenden.

In einem Circulus vitiosus ahrimanischer Diktion aber nimmt die Zahl dieser Armen und Kranken, die Zahl der Geringverdiener, Arbeitslosen und Obdachlosen durch die Corona-Krise weiter rasant zu – «Nach der Pandemie wird sich die Zahl jener dramatisch erhöhen, die nun zu den Arbeitslosen, Besorgten, Unglücklichen, Empörten, Kranken und Hungrigen gehören», prophezeiten im Juni 2020 der Gründer und Vorstandsvorsitzende des mächtigen Weltwirtschaftsforums, Klaus Schwab, und Thierry Malleret, der Leiter seines «Global Risk Network».[99]

Doch damit nicht genug. Schwab und Malleret schreiben in ihrer Lageanalyse von einer globalen «Rückkehr der ‹großen› Regierungen»[100] im Management der Krise und ihrer Folgen, von einer – auch jenseits der aktuellen Corona-Maßnahmen – zunehmenden «Regierungskontrolle», einer erheblich erweiterten «Rolle des Staates» und seiner Eingriffssphären, die sie für zwingend notwendig erachten; sie schreiben über eine neue «globale Ordnungspolitik», die durch überstaatliche Organisationen (wie die WHO) wahrgenommen oder mitausgeführt werden müsse, im weltweit koordinierten Kampf gegen die Pandemie oder gegen andere Feinde und Bedrohungen, zu denen auch der ökonomische Ruin ganzer Staaten mit ihren vielen «Empörten» durch die Ursachen und Folgen der Krise gehören wird (Kapitel «soziale Unruhen»). «Schätzungen zufolge leben heute etwa 1,8–2 Milliarden Menschen in fragilen Staaten, eine Zahl, die in der Post-Epidemie-Ära sicherlich noch steigen wird, da fragile Länder besonders anfällig für einen Ausbruch von COVID-19 sind.»[101] Diese «fragilen» Länder können zu einer Bedrohung der anderen werden, so Schwab und Malleret, unter anderem durch eine neue «Welle der Massenemigration»[102], vor der sich die Weltgemeinschaft schützen muss – und zwar durch eine neue «globale Ordnungspolitik» und den ökonomischen Gesamtumbau der Erde, so die Autoren. Sie sprechen von wirtschaftlichen Pandemie- und «Lockdown»-Schäden von «monumentalem Ausmaß», die eine «neue Welt» generieren werden. Eine «Normalisierung» der alten und gewohnten werde niemals mehr erfolgen – «Die Welt, wie wir sie in den ersten Monaten des Jahres 2020 kannten, gibt es nicht mehr, sie hat sich im Kontext der Pandemie aufgelöst»[103]. Schwab und Malleret, zwei überaus einflussreiche Menschen, erwarteten im Juni 2020 nicht nur «weitere Infektionswellen»[104], sondern sahen einen kompletten «Systemwandel» im Kommen[105], obwohl sie die rein medizinische Brisanz der Pandemie relativierten – «Im Gegensatz zu vergangenen Epidemien stellt Covid-19 keine neue existentielle Bedrohung dar»[106]. Dennoch gäbe es für viele Bereiche («wie Unterhaltung [= Kultur], Tourismus oder das Hotel- und Gaststättengewerbe») keine absehbare Rückkehr zum Status quo ante oder vielmehr «nie mehr»[107] – aber auch nicht für das System als solches, zu dem diese Bereiche gehörten. Die Systemveränderung habe jedoch auch viele positive Seiten und es sei wesentlich, «gescheiterte Ideen, Institutionen, Prozesse und Regeln durch neue» zu ersetzen, «die den gegenwärtigen und künftigen Bedürfnissen besser gerecht werden»[108]. Der nun in dramatischer Form begonnene «Systemwandel» habe sich bereits lange vor der Krise abgezeichnet, er sei überfällig gewesen und werde nun erheblich beschleunigt – und dies keinesfalls nur im Bereich der notwendigen Technologisierung und Automatisierung, Digitalisierung und Überwachung. «Es könnte über eine bloße Beschleunigung hinausgehen, indem Dinge verändert werden, die vor dem Ausbruch der Pandemie unvorstellbar schienen», darunter in der Währungspolitik; Schwab und Malleret berichten von «drastischen geopolitischen Neuordnungen»[109], gerade auch für «schwache und scheiternde Staaten»[110], und umreißen die Veränderungen, durchsetzt mit positiven Prognosen, insbesondere im Abschlusskapitel «Persönlicher Neustart», mit einzelnen, vordergründig lichten Veränderungen, die einladend und anziehend klingen, die innere Wertefrage betonen und von der Überwindung des Egoismus handeln, aber möglicherweise nur Luzifers Einschlag und Beitrag zum Ganzen des Buches bedeuten bzw. Aspekte seiner gemeinsamen Wirksamkeit mit Ahriman im Sinne eines «joint venture» sind («Wir haben also keine andere Wahl, als die Engel in uns ans Licht zu holen.»[111]). «Könnte die Pandemie wohl ein besseres Selbst und eine bessere Welt entstehen lassen? Wird ihr ein Wertewandel folgen?»[112] Es gehe, so Schwab und Malleret, darum, «unsere Menschlichkeit neu [zu] definieren», es gehe um «geistige Gesundheit und Wohlbefinden», um innere «Prioritätenverschiebungen»[113] – offensichtlich in erster Linie für die Angehörigen der führenden Industrienationen, die ein solches Buch wie «Der große Umbruch» («The Great Reset») bei Amazon bestellen und lesen. Für Klaus Schwab stellte die Corona-Krise bereits am 3. März 2020 ein *«seltenes, aber enges Zeitenfenster zum Umdenken, Neuerfinden und Neustarten unserer Welt»* dar[114] («to reflect, reimagine and reset our world») – eine Sichtweise, die er im Sommer 2020 noch einmal, sich selbst zitierend[115], unterstrich und ausbaute.

*

Die Eliten der führenden Industrienationen wussten offenbar seit langem um die gefährliche Labilität ihres neoliberalen Systems ahrimanischer Ausrichtung, zu dem «transformatorische» Krisen der verschiedensten Art,

Provenienz und Ausrichtung gehören. Gut dokumentierten Studien zufolge wurde das Szenarium des globalen «Lockdowns» aufgrund einer viralen Pandemie – mit als Folge ökologischer Systemeingriffe – seit mehr als zwanzig Jahren in Krisenplänen elitärer US-Kreise in allen Einzelheiten geprobt. Paul Schreyer beschrieb, wie an der von Milliardären und anderen privaten Geldgebern finanzierten John Hopkins University seit Ende der 1990er Jahre ein Zentrum für «Biodefense» oder später «Biosecurity» und schließlich «Health Security» *(Gesundheitssicherheit)* im Zusammenspiel militärisch-industrieller und gesundheitspolitischer Machtorganisationen aufgebaut wurde, als «Dreh- und Angelpunkt von wissenschaftlichen Konferenzen, Notfall-Übungen und, vor allem, der fortgesetzten Verbreitung des Angst machenden Themas in der Öffentlichkeit. Hier trafen sich Forscher, Militärs und Politiker, hier entwickelte man Pläne und Leitlinien, die bald auch weltweit prägend wurden.»[116] Die Beteiligten beschäftigten sich mit den Herausforderungen von Biowaffen und Seuchen, in einer, so Schreyer, «undurchsichtigen Grauzone aus Gefahrenabwehr und Gefahrenerzeugung»[117]. Die Treffen kreisten um Pandemiepläne und – zu Beginn – um das notwendige Krisenmanagement im Falle eines Biowaffen-Angriffs (später einer «natürlichen Pandemie»), und fanden in Form von Planspielen bzw. Übungsszenarien statt, die von Anfang an das In-Angst-Versetzen der Bevölkerung zur Gewinnung politischer Handlungsspielräume vorsahen; Angst und Furcht aber sind zentrale Wirkensmittel Ahrimans. Die erste Großkonferenz des Zentrums fand bereits 1999 statt; an ihr nahmen bereits mehr als 900 Teilnehmer aus 10 Ländern unweit des Pentagon in einen Washingtoner Luxushotel teil. Zwei Tage lang beschäftigten sie sich mit Fragen des Bioterrorismus – darunter Militärs, Politiker und Bürokraten, Forscher, Vertreter von Lobbyorganisationen und führender Pharmafirmen. Die neuen pharmazeutischen Produkte im «nationalen Sicherheitsinteresse» spielten von Anfang an eine zentrale Rolle und wurden mit höchster Priorität versehen. Richard Clarke, der nationale US-Antiterror-Koordinator, betonte damals:

> Zum ersten Mal ist das Gesundheitsministerium Teil des nationalen Sicherheitsapparates der USA ...
> Die aktuelle Bioterrorismus-Initiative beinhaltet ein neues Konzept: die erstmalige Beschaffung von Spezialmedikamenten für ein nationales Zivilschutzlager: Sobald neue Impfstoffe und Medikamente entwickelt werden, kann dieses Programm erweitert werden. Die Initiative umfasst die Wiederbelebung von Forschung und Entwicklung in der Bioverteidigungswissenschaft; sie investiert in die Sequenzierung des Genoms von Krankheitserregern, in die Erforschung neuer Impfstoffe, in die Erforschung neuer Therapeutica und in die Entwicklung verbesserter Erkennungs- und Diagnosesysteme.[118]

Das Vorgehen lag jedoch keineswegs allein in politischer Hand, sondern wurde unter maßgeblicher Beteiligung der großen Konzerne aus dem Bereich der Gesundheitsindustrie entwickelt, als ein «globales, industrielles Seuchenmanagement» (Hardtmuth[119]), das von den überforderten nationalen Regierungen im Ernstfall ausgeführt oder abgespult werden sollte. Bereits 1999 war Thema, wie eine gezielte Strategie entwickelt werden könne, um im Gefahrenfall lediglich konsistente und einheitliche Informationen über Medien an die Öffentlichkeit gelangen zu lassen – und wie mit dem Vorhandensein inoffizieller Kanäle umzugehen sein würde, die nicht das gewünschte

Bedrohungsbild vermitteln. («Die Frage, wie die an die Öffentlichkeit gehende Botschaft kontrolliert werden kann, beschäftigt alle Diskussionsteilnehmer.»[120]) Medial präsentierte Informationen müssten «stimmig und glaubwürdig» sein, auch, um einen möglichst breiten Konsens der Bevölkerung über die Impfnotwendigkeit erzielen oder erzwingen zu können. Tagelang diskutiert wurden aber auch Notfallbefugnisse der Behörden, die Ausschaltung von Parlamenten und Grundrechten, und viele damit verbundenen Fragen – «Wie weit kann die Polizei gehen, um Patienten in Quarantäne zu halten?». «Ohne Impfstoff ist die einzige Kontrollmethode die Isolierung, was die Ausbreitung der Krankheit behindert, aber nicht aufhalten kann.»[121] – Der deutsche Gesundheitsminister Jens Spahn berichtete am 27. Februar 2020 auf einer Bundespressekonferenz, dass bereits Ende 2019 die Einrichtung einer Abteilung für «Gesundheitssicherheit» (d.h. *biosecurity*) im deutschen Gesundheitsministerium unter Leitung eines Bundeswehrgenerals in Uniform geplant gewesen sei. «Wir haben bereits vor zwei, drei Monaten entschieden, dass es eine neue Abteilung geben wird im Bundesministerium für Gesundheit, eine Abteilung für Gesundheitssicherheit, weil wir eben sowieso merken konnten in den letzten Jahren, dass dieses Thema – wie bereiten wir uns vor auf Lagen wie diese und wie sind wir auch europäisch und international vernetzt – eine immer größere Bedeutung [...] bekommen hat.»[122] Der für diese Abteilung im Gesundheitsministerium verantwortliche General in Uniform (!) führte zuvor eine NATO-Behörde zur «frühzeitigen Diagnose von infektiösen Krankheitsausbrüchen in nahezu Echtzeit» und mit einer «zentralisierten Überwachung der eingesetzten Streitkräfte»[123]. Das US-Konzept der «Biosecurity», das militärische sowie medizinisch-pharmazeutische und industrielle

Anliegen vereinigt, hielt damit auch institutionellen Einzug in das deutsche Gesundheitsministerium.

Das Pandemie-Szenarium, das 1999 durchgespielt wurde, handelte bereits von der weltweiten Ausbreitung einer Seuche. Die großen Geldsummen, die damals und in all den folgenden Jahren bis 2020 in den Aufbau der «Biosecurity»- oder «Healthsecurity»-Strukturen und -Handlungsabläufe investiert wurden, dienten dabei nie der *Verhinderung* von Zoonosen und Pandemien, die das ahrimanische System der Ökonomie und seiner Herrschaftsformen vielmehr mitverursacht und in «Kauf» nimmt; sie dienten nie der Prophylaxe und Ursachenbekämpfung, sondern einem System-konformen und zugleich -transformatorischen Management, das obendrein ein lukratives Geschäft einzelner Großkonzerne werden sollte.

*

Zu diesen Profiteuren gehören, wie zuvor betont und wie aller Welt sichtbar ist, unter anderem die Betreiber der vollständigen Digitalisierung der Erde – «mit der Pandemie habe die bereits lange anstehende ‹digitale Transformation› endlich ihren ‹Impulsgeber› gefunden», so Schwab/ Malleret[124], ihren «Katalysator» (*«its catalyst»*[125]). Ahriman ist daran interessiert oder führt im eigentlichen Sinne Regie; ihm ist dabei nicht nur an der Digitalisierung, sondern auch der digitalen Gesamterfassung der Menschheit gelegen, unter Einschluss aller biometrischen und Gesundheitsdaten; diese wird in Corona-Zeiten nicht nur zielstrebig vorangetrieben, sondern im Zeichen und Zuge der Pandemie-Gefahr gesellschaftlich immer mehr bejaht. Die Vision dieser digitalen Gesamterfassung der Weltbevölkerung existiert bereits seit vielen Jahren in führenden Konzern- und Politikkreisen – zur Planung und Steuerung der Entwicklung und Bevölkerungsdynamik, auch angesichts der seit langem beklagten «Überbevölkerung» der Erde, die «reguliert» werden soll (bekanntlich nicht *nur* aus «humanitären» und ökologischen Gründen, sondern auch deswegen, weil sie – mit vielen jungen Menschen in verarmten Ländern – das existierende Machtsystem potentiell gefährdet). Die von Ahriman angestrebte digitale Gesamterfassung aller Menschenseelen und -leiber auf Erden, ihre «digitale Identität», erfordert die biometrische Erfassung jedes Einzelnen, in seinen Impf- und sonstigen Daten, bis hinein in seine molekularen Strukturen, und wird im Rahmen eines universellen Gesundheitsinformationssystem seit langem geplant und auf den Weg gebracht. Selbst die sprachliche Fassung der neuen Wissenschaft der *«Epidemonnomie»* – bzw. «epidemmonomics» (Timothy Grant Evans), die das Wort «demon» enthält, existiert bereits.[126] Auf dem von Schwab geleiteten Davoser Weltwirtschaftsforum konnte im Januar 2020 – finanziert von der Rockefeller Foundation, Microsoft und der von der Gates Foundation mit aufgebauten «Impfallianz» aus Pharmakonzernen, Regierungen, der Weltbank und der WHO – ein Modellversuch präsentiert werden, der es bis Anfang 2020 vermochte, die digitalen biometrischen Daten von über 100 Millionen Menschen in Bangladesch zu erfassen und mit weiteren Angaben zu verknüpfen, darunter ihrem Impfstatus («ID 2020»). Ziel ist offenbar die Gesamterfassung der «Weltbürger», die zentrale Speicherung ihrer Daten bei riesigen US-Unternehmen mit führenden Cloud-Diensten (wie Amazon und Microsoft), mithin auch die Abschaffung des Bargeldes, um in Zukunft nur noch digitale Kontenbewegungen unter Eingabe der digitalen Identität zuzulassen, wodurch die Überwachungs- und Kontrollmöglichkeiten perfektioniert werden können.

In einem hochtechnologisierten Land wie China sind Entwicklungen dieser Art bekanntlich bereits weit fortgeschritten. Sascha Lobo schrieb in seinem Buch «Realitätsschock» (2019) vom «digital ermöglichten Autoritarismus» des chinesischen Modells, das er als möglichen «Exportschlager» in den Bereich der westlichen Demokratien betrachtet – eine «Kombination aus Diktatur und Aufschwung, ermöglicht durch eine radikal digitale Wirtschaftsorientierung ohne Rücksicht auf Grundrechtsverluste»[127] (Überschrift: «Das chinesische Jahrhundert beginnt»). China, aber auch Hongkong und Südkorea wurden 2020 zu vorbildlichen Staaten der Corona-Bekämpfung – mit einem «sicheren Lockdown» und der elektronischen Überwachung von Gefahrenquellen und gefährdenden Menschen, von «digitalem Tracing» und der Personenüberwachung über Mobil- und Kreditkartendaten, einer Überwachung, die lückenlos funktionieren muss und damit nicht auf individueller Freiwilligkeit basieren kann, wie Schwab und Malleret betonen: «Keine freiwillige Contact-Tracing-App wird funktionieren, wenn die Menschen nicht bereit sind, ihre persönlichen Daten der Regierungsbehörde, die das System überwacht, zur Verfügung zu stellen. Wenn eine Person sich weigert, die App herunterzuladen (und damit Informationen über eine mögliche Infektion, Bewegungen und Kontakte zurückhält), wird sich dies nachteilig auf uns alle auswirken.»[128] Es gehe darum, sich auf ein «einheitliches Modell des digitalen Tracking zu einigen»[129], und, von der jetzigen Pandemie ausgehend und im Angesicht der kommenden, eine Ära der «aktiven Gesundheitsüberwachung» einzuläuten («Dies würde ermöglicht durch Smartphones mit Ortungsfunktion, Gesichtserkennungskameras und andere Technologien, die Infektionsquellen identifizieren und die Ausbreitung einer Krankheit quasi in Echtzeit verfolgen»[130]). Schwab und Malleret plädieren – auch jenseits der aktuellen Infektion und im Sinne eines System- und Lebensstil-Wandels – für «online-» oder «Telemedizin», für tragbare und zu Hause verfügbare «Diagnosemittel» wie etwa «intelligente Toiletten, die in der Lage sind, Gesundheitsdaten aufzuzeichnen und zu verfolgen und Gesundheitsanalysen durchzuführen».[131] Drei Branchen werden, ihrer Prognose zufolge, nach der Pandemie mit Hilfe der Digitaltechnik bzw. der «Künstlichen Intelligenz» (KI) florieren und expandieren: «Big Tech [Spitzentechnologie], Gesundheit und Wellness.»[132] «Die Kombination von KI, Internet der Dinge, Sensoren und tragbarer Technologie wird neue Einblicke in das gesundheitliche Wohlbefinden der Menschen ermöglichen. Diese Systeme werden überwachen, wie es uns geht und wie wir uns fühlen, und sie werden nach und nach die Grenzen zwischen den öffentlichen und den persönlich gestalteten Gesundheitssystemen verwischen – eine Unterscheidung, die irgendwann einfach nicht mehr bestehen wird. Datenströmen und vielen verschiedenen Bereichen, die von unserem Umfeld bis hin zu unseren persönlichen Befindlichkeiten reichen, werden uns eine viel größere Kontrolle über unsere eigene Gesundheit und unser Wohlbefinden ermöglichen.»[133]

Diese «aktive Gesundheitsüberwachung» – weniger der «Wellness»-Bereich – wird, so die Prognose von Schwab/Malleret von Mitte 2020, in naher Zukunft auch im Bereich der Industrie eingeführt; die im Zuge der Corona-Krise etablierten Kontrollmechanismen werden dort beibehalten und ausgebaut werden:

> Sobald die Corona-Krise abklingt und die Menschen wieder anfangen, an ihren Arbeitsplatz zurückzukehren, werden die Unternehmen zu einer stärkeren

Überwachung übergehen. Wohl oder übel werden die Unternehmen beobachten und manchmal auch aufzeichnen, was ihre Belegschaft tut. Der Trend könnte viele verschiedene Formen annehmen, von der Messung der Körpertemperatur durch Wärmebildkameras bis hin zur Überwachung per App, ob die Mitarbeiter das Social distancing einhalten. Dies wird zwar zwangsläufig tiefgreifende regulatorische und datenschutzrechtliche Fragen aufwerfen, die viele Unternehmen mit dem Argument ablehnen werden, dass sie, wenn sie die digitale Überwachung nicht verstärken, nicht in der Lage sein werden, wieder aufzumachen und in Betrieb zu gehen, ohne neue Infektionen zu riskieren (und in einigen Fällen dafür haftbar zu sein). Sie werden Gesundheit und Sicherheit als Rechtfertigung für eine verstärkte Überwachung anführen.[134]

China zog im Frühjahr 2020 in Deutschland in seiner Beliebtheit erstmals mit Amerika gleich, wie in einer repräsentativen Umfrage ermittelt wurde. «Kein Land der Welt hat zunächst die Globalisierung, dann die Digitalisierung und nun die Künstliche Intelligenz derart aggressiv und erfolgreich vorangetrieben», betonte Lobo 2019[135] und skizzierte die in China verfolgte Vision einer «kybernetischen Gesellschaft» im Einzelnen. «Die Basis der heutigen kybernetischen Ideologien ist, die Gesellschaft ständig zu vermessen, mithilfe der erzeugten Daten Muster zu erkennen und auf dieser Grundlage Verhalten zu steuern.»[136] Keinesfalls gehe es dabei lediglich um die Ausschaltung von politischem Widerstand, sondern um weit mehr. Jedes Verhalten – auch die Gedanken – sollen erfasst, vermessen und ausgewertet werden, um die Gesellschaft steuern zu können. Bereits 2019, noch vor der globalen Virus-Krise, beschrieb Lobo entsprechende Tendenzen in westlichen Industriestaaten, aus ökonomischen und «sicherheitsbezogenen» Interessen:

> In zwei Provinzen in Kanada gibt es seit einigen Jahren ein System namens RTD (Risk-driven Tracking Database). Dafür werden Daten von Polizei, von Gesundheitsbehörden, dem Jugendamt und anderen Stellen zusammengeführt, inklusive der Vermutung über psychische Erkrankungen, Drogenmissbrauch und «unsozialem Verhalten». So werden Gefährdungsszenarien für ganze Nachbarschaften, aber auch für einzelne Familien und Personen berechnet.[137]

Die Öffentlichkeit wird auch in Europa zu einem «immer intensiver kontrollierten Raum» – und dies mit Zustimmung der Bevölkerung. «Eine repräsentative Umfrage im Frühjahr 2018 in Berlin ergibt, dass 75 Prozent der Berliner sich *mehr* Videoüberwachung wünschen ...»[138] Und: «Dass die europäischen Staaten in Sachen Überwachung und Bewertung der Öffentlichkeit noch nicht so weit und so radikal arbeiten wie China, liegt eher an der schlechteren Technologie, dem Widerstand der Zivilgesellschaft und dem gesellschaftsliberalen Teil der Politik als an den fehlenden Wünschen der Behörden. Die Schwächung der Grundrechte folgt etwas langsamer auch im Westen den technischen Möglichkeiten [...].» (Lobo[139])

Der Historiker Yuval Noah Harari warnte im März 2020 in der Zeitschrift «Financial times» (wie Schwab und Malleret bemerkten[140]) in seinem Beitrag «The world after coronavirus» vor einer im Zuge der Corona-Krise fulminant weiter anwachsenden «Überwachungstechnologie» – und schrieb dazu unter anderem:

Die Überwachungstechnologie entwickelt sich in halsbrecherischem Tempo, und was vor 10 Jahren noch wie Science-Fiction aussah, ist heute schon Schnee von gestern. Stellen wir uns als Gedankenspiel einmal eine hypothetische Regierung vor, die von jedem Bürger verlangt, ein biometrisches Armband zu tragen, das Körpertemperatur und Herzfrequenz rund um die Uhr überwacht. Die sich daraus ergebenden Daten werden gesammelt und mithilfe von Regierungsalgorithmen analysiert. Dank der Algorithmen wird die Regierung noch vor Ihnen selbst wissen, dass Sie krank sind, und auch wissen, wo Sie gewesen sind und wen Sie getroffen haben. Damit können die Infektionsketten drastisch verkürzt und sogar gänzlich unterbrochen werden. Keine Frage: Ein solches System könnte die Epidemie wohl innerhalb weniger Tage zum Erliegen bringen. Hört sich doch wunderbar an, oder nicht? Die Kehrseite der Medaille ist natürlich, dass dies ein erschreckendes neues Überwachungssystem legitimieren würde. Wenn man beispielsweise weiß, dass ich nicht auf einem CNN-Link, sondern auf einen Fox News Link geklickt habe, kann das etwas über meine politischen Ansichten und vielleicht sogar über meine Persönlichkeit aussagen. Aber wenn man verfolgen kann, was mit meiner Körpertemperatur, meinem Blutdruck und meiner Herzfrequenz passiert, während ich mir einen Videoclip ansehe, kann man herausfinden, was mich zum Lachen bringt, was mich zum Weinen bringt und was mich extrem wütend macht. Wir müssen uns darüber im Klaren sein, dass Wut, Freude, Langeweile und Liebe biologische Phänomene sind, genau wie Fieber und Husten. Denn dieselbe Technologie, die Husten identifiziert, könnte auch Lachen identifizieren. Wenn Unternehmen und

Regierungen damit beginnen, unsere biometrischen Daten massenhaft zu sammeln, können sie uns viel besser kennenlernen, als wir uns selbst kennen, und sie können dann nicht nur unsere Gefühle vorhersagen, sondern auch unsere Gefühle manipulieren und uns alles verkaufen, was sie wollen – sei es ein Produkt oder einen Politiker. Eine biometrische Überwachung würde die Datenhacking-Strategien von Cambridge Analytica wie ein Überbleibsel aus der Steinzeit aussehen lassen. Stellen wir uns einmal Nordkorea im Jahr 2030 vor, wenn jeder Bürger rund um die Uhr ein biometrisches Armband tragen muss. Wenn man sich dann eine Rede des «Obersten Führers» anhört und das Armband die verräterischen Zeichen von Wut auffängt, ist man erledigt.[141]

*

«Das Bild vom Menschen, das wir für wahr halten, wird selber ein Faktor unseres Lebens», betonte Karl Jaspers, und es ist zu weiten Teilen Ahrimans Bild des Menschen, das in den zuletzt genannten Zukunftsvisionen maßgebend ist – und nicht das Bild des ethischen Individualismus, der selbstverantwortlichen, freien und mündigen, gesellschaftsgestaltenden und sozial ausgerichteten Individualität. Die gemeinte Richtung bringt Yuval Noah Harari erneut auf den Punkt: «Die Menschen werden sich nicht mehr als autonome Wesen betrachten, die ihr Leben entsprechend den eigenen Wünschen führen, sondern viel eher als eine Ansammlung biochemischer Mechanismen, die von einem Netzwerk elektronischer Algorithmen ständig überwacht und gelenkt werden.»[142] Harari erscheint dies in gewisser Weise auch sinnvoll und konsequent zu sein, sofern dem Ganzen eine materialis-

tische Anthropologie – eine Anthropologie im Sinne und in der Handschrift Ahrimans – zugrunde gelegt wird, denn dann gilt: «Menschen, Giraffen, Viren sind sämtlich Algorithmen. Sie unterscheiden sich von Computern nur, insofern sie biochemische Algorithmen sind, die sich nach Laune der natürlichen Selektion über Millionen Jahre entwickelt haben.»[143] «Das einzige authentische Ich ist genauso real wie die unsterbliche christliche Seele, der Nikolaus oder der Osterhase.»[144] Die materialistisch-ahrimanische Vorstellung des unfreien Menschen – als einer «Ansammlung biochemischer Mechanismen, die von einem Netzwerk elektronischer Algorithmen ständig überwacht und gelenkt werden» («denn sehen Sie, Ahriman bereitet gut sein Ziel vor»[145]) – und die Schaffung der Technologie einer unfreien Welt stehen damit in engem, ja unauflöslichem Zusammenhang. Angestrebt wird von Ahriman, dass die Menschen diese neue Welt auch bejahen, als die «gesündeste» und «sicherste», modernste, effizienteste und rationalste, als die «beste aller Welten» verstehen, eine Welt, die ihnen zudem ihre eigene permanente «Optimierung» (und möglicherweise auch ihre «Unsterblichkeit») technologisch in Aussicht stellt – nicht nur durch die Aufrüstung ihres Immunsystems zur externen Gefahrenabwehr durch gentechnologische Verfahren, sondern auch im Bereich ihrer seelischen Fähigkeiten und Leistungen («enhancement»), ihrer körperlichen Erscheinung und «Fitness», ihrer angestrebten (in Zeitpunkt und Modus selbstgewählten) Reproduktion und ihres aufgehaltenen Altersprozesses («Anti-Aging»). Der nach Analogie eines technischen Systems gedachte Mensch soll technologisch verbessert, ja, perfektioniert werden – «mit optimierten Genomen und durch externe Technologie verbesserten Körpern können die Menschen schöner sein [...], intelligenter, physisch begabter, sozial verbundener, allgemein gesünder und rundum glücklicher», so das Programm.[146] Auch die direkte Übernahme von Softwareinhalten in das menschliche Gehirn («Die Vision ist, dass es in ferner Zukunft möglich sein soll, Fähigkeiten über den Chip aus einem Appstore ins Gehirn zu übertragen, etwa die Bewegungen aus dem Kampfsport oder eine neue Fremdsprache»[147]) und vice versa wird durch «Neuralink-Systeme» in Aussicht gestellt («mind uploading»), bis hin zur «digitalen Unsterblichkeit», durch die der Inhalt des menschlichen Gehirns auf eine andere «hardware» kopiert werden und auf diese Weise als «software» weiterexistieren soll. Von einem «rein ahrimanischen Ideal», das «im Westen» einmal werde und darin bestehe, die «Nervenvibrationen» des Menschen auf eine Maschine zu «übertragen», als einem konkreten «Zusammenschluss des Mechanisch-Materiellen mit dem Geistigen», sprach Rudolf Steiner bereits im November 1920 in Stuttgart.[148]

Was viele Menschen gegenwärtig noch für futuristische, «transhumane» oder «posthumane» Phantasien manischer Technologen halten, wird in praxi längst durch Milliardeninvestitionen vorangetrieben. Einige der ca. aktuell 400 Satelliten des kanadischen Multimilliardärs Elon Musk konnten am flugzeuglosen Nachthimmel der Corona-Krise im Frühjahr 2020 optimal beobachtet werden – 40 000 private Satelliten von Musk und seinem Unternehmen *Space X* sollen bald die Erde umkreisen, zur maximalen Breitbandversorgung mit Internet, vielleicht auch noch zu anderen Zwecken. Dasjenige, «was um die Erde herum liegt», ist einhundert Jahre nach Rudolf Steiners Vorträgen über die kommende Inkarnation Ahrimans tatsächlich weitgehend «entgeistigt, entseelt, sogar entlebendigt» (vgl. S. 18), zumindest im Bewusstsein der Menschen. Musks *«neuralink»*-Unternehmen zur Vernetzung und finalen Verschmelzung des menschlichen Gehirns mit Maschinen, das vor vier Jahren Fahrt aufnahm, agiert gegenwärtig noch im gesellschaftlichen Rückraum (anders als seine Satelliten, aber auch anders als seine Elektroautos der Firma «Tesla» und sein elektronisches online-Bezahlsystem «paypal»). *«Es müssen Geister Welten brechen, / Soll euer Zeitenschaffen / Verwüstung nicht und Tod / Den Ewigkeiten bringen.»*[149]

*

Am Ende seines Vorwortes des Buches «Verteidigung des Menschen» schrieb Thomas Fuchs im November 2019:

> Humanismus im ethischen Sinn bedeutet [...] Widerstand gegen die Herrschaft technokratischer Systeme und Sachzwänge ebenso wie gegen die Selbstverdinglichung und Technisierung des Menschen. Fassen wir uns selbst als Objekt auf, sei es als Algorithmen oder als neuronal determinierte Apparate, so liefern wir uns der Herrschaft derer aus, die solche Apparate zu manipulieren und sozialtechnologisch zu beherrschen suchen. «Denn die Macht des Menschen, aus sich zu machen, was ihm beliebt, bedeutet [...] die Macht einiger weniger, aus anderen zu machen, was ihnen beliebt.» (Lewis)[150]

Ahriman hat seit Steiners Mysteriendramen (1910–1913) seine eindrucksvolle Erfolgsgeschichte ohne Zweifel weiter fortgeschrieben, mit kalter Intelligenz, Präzision und in atemberaubender Geschwindigkeit, in realem «Zeitvernichtungsstrom». Er hat – zusammen mit Luzifer – die Menschheit schon zu weiten Teilen in die virtuelle Welt versetzt, ja, in ihr heimisch gemacht. Die Frage nach der Echtheit und Wahrheit, nach der persönlichen Erfahrbarkeit und Authentizität wird immer komplizierter – in einer Welt der nahezu perfekten Simulation, in dem der «Schein des Anderen» seiner Wirklichkeit nicht nur vorausgehen, sondern diese geradezu ersetzen kann. «Schon jetzt kann es ja sein, dass der nette Online-Partner oder der einfühlsame Online-Therapeut in Wahrheit nur ein Chatbot ist. Und die ersten Pflegeroboter für Demenzkranke sind bereits in Erprobung», schreibt Fuchs.[151] Künstliche Systeme können bereits in der Gegenwart anstelle von realen Beziehungserfahrungen treten: «Wenn ein Kuschelroboter namens ‹Smart Toy Monkey› kleinen Kindern als Freund dienen soll, der die ‹sozial-emotionale Entwicklung fördert›; wenn freundliche Pflegeroboter die menschliche Pflege von Demenzkranken ersetzen und ihnen vermeintlich bei ihren Erzählungen zuhören; oder wenn Psychotherapien entlang programmierter Online-Verfahren ablaufen, die den Gang zum Therapeuten ersparen – dann werden Maschinen zu ‹Beziehungsartefakten›, wie Sherry Turkle es formuliert hat.» (Fuchs[152])

*

In der Arbeitswelt läuft dieser ahrimanisch intendierte und impulsierte Vorgang – der Ersatz des Menschen durch Automaten bzw. durch Technologien, die auf «Künstlicher Intelligenz» beruhen – schon seit langem; er gewinnt aber, wie Schwab und Malleret beschreiben, durch die Corona-Krise einen ungeahnten Aufschwung:

> Die COVID-19-Krise und die damit einhergehenden Maßnahmen zur räumlichen Distanzierung haben die-

sen Prozess der Innovation und des technologischen Wandels nun plötzlich beschleunigt. Chatbots, die sich oft auf die gleiche Spracherkennungstechnologie wie Alexa von Amazon stützen, und andere Software, die Aufgaben anstelle von menschlichem Personal ausführen kann, setzt sich rasch durch. Diese auf Notwendigkeit (wie z.B. Hygienemaßnahmen) beruhenden Innovationen werden bald Hunderttausende und möglicherweise Millionen von Arbeitsplätzen kosten. Da die Verbraucher in nächster Zeit wahrscheinlich automatisierte Dienste einem persönlichen Kontakt vorziehen, wird das, was derzeit im Callcenter-Sektor geschieht, unweigerlich auch in anderen Bereichen auftreten.[153]

Schwab und Malleret bedauern den Verlust von Arbeitsplätzen, sehen ihn jedoch im Sinne des «Systemwandels» für unabdingbar an – und visionieren «Online-Arbeit», «Online-Shopping», «Online-Medizin», «Online-Unterhaltung» und «Online-Bildung» – die Corona-Pandemie könne geradezu ein «Segen für das Online-Bildungsangebot» werden»[154], «a boon for online education»[155].

Von der Lage der Kinder, die an vielen Orten ihre Schule und Schulgemeinschaft verloren, ihren Tagesrhythmus und ihren sozialen Rhythmus, ist in dem 330 Seiten umfassenden Buch von Schwab und Malleret ansonsten nicht die Rede; möglicherweise sind sie beim «Segen für das Online-Bildungsangebot» jedoch mitgemeint. Kinder spielen in Ahrimans Berechnungen, Kalkulationen und Visionen keine zentrale Rolle und auch der «persönliche Neustart», die Neudefinition «unserer Menschlichkeit», unserer «geistigen Gesundheit» und «unseres Wohlbefindens» meinen den aufgeklärten, handlungsfähigen, veränderungsbereiten und flexiblen

Erwachsenen der führenden Industrienationen, der die sich rasch verändernde Welt akzeptiert, bejaht und unterstützt, in «Online-Arbeit», «Online-Shopping», «Online-Medizin» und «Online-Unterhaltung», aus dem Zentrum seines «home office» heraus (das schon in Rudolf Steiners Mysteriendramen beschrieben wurde: – *«Man wird der Technik Kräfte so verteilen, / Dass jeder Mensch behaglich nutzen kann, / Was er zu seiner Arbeit nötig hat / Im eignen Heim, das er nach sich gestaltet.»*[156]).

Von Kindern und von sozialen Gemeinschaften ist bei Schwab/Malleret nichts zu lesen, auch nicht von den ahrimanischen Brüchen im Beziehungsnetz der Menschen, durch das alternativlose «home office» und den Übergang in den virtuellen Ersatzraum. Auch nicht von den Brüchen durch die sehr unterschiedlichen Einschätzungen und Reaktionen der Einzelnen auf die Krise bzw. auf das Pandemie- und Maßnahmengeschehen, die zu gegenseitiger Verständnislosigkeit, Vertrauensverlusten und endenden Freundschaften führten[157], die ebenfalls ganz im Sinne Ahrimans und seiner Strategie sind. All dies inmitten einer hochemotionell arbeitenden und zum Teil ausgesprochen militanten massenmedialen Publizistik, die normabweichende Fragen, Interpretationen und Verhaltensweisen an den Pranger stellt, mit Spott, Häme und Hass übergießt, kritische Menschen kategorisiert und aburteilt. *«Wo sind die ahrimanischen Mächte? Diese sind da, wo die menschentrennenden Gewalten eingreifen können»*, schrieb Rudolf Steiner im November 1920 in sein Notizbuch.[158]

Wenn man sich vor diesem Zeit-Hintergrund an die Mysteriendramen Rudolf Steiners, an Steiners außerordentlich differenzierte Vortrags- und Schriftausführungen über Ahriman und seine kommende Menschwerdung erinnert, an seine vielen warnenden «Worte», so mag man an Hilarius' Ausspruch aus dem letzten Drama denken: *«Ich habe sie schon oft gehört; jetzt erst / Erfühle ich, was sie geheim enthalten.»*[159]

*

Das «geheim» in Steiners Schilderungen zu Ahriman Enthaltene wird zeitgenössisch mehr und mehr offenbar. Die zivilisatorischen Phänomene der ahrimanischen Intelligenz und ihrer globalen Machtausübung, auch des «Überwachungskapitalismus» (Snowden) nehmen in rasantem Ausmaß zu, die «Unterdrückung» jenes individuellen Denkens, von der Rudolf Steiner warnend sprach («... dass alles individuelle Denken ausgeschaltet wird»[160]) – man muss nicht «Hellseher» sein, um all das klar sehen zu können. «Es hilft nichts, über diese Dinge sich Illusionen hinzugeben», sagte Steiner im Hinblick auf diese Ahriman-Dimensionen bereits am 27. Oktober 1919, vor mehr als hundert Jahren[161]; und wenige Jahre später betonte er in Dornach, wer noch immer nicht glaube, «dass die Dinge so ernst liegen», fördere nur die Inkarnation Ahrimans.[162] Im achten Bild des «Hüters der Schwelle» (1912) sagte Ahriman noch: «Bis jetzt ist mir ja nichts davon gelungen, / Die Erde wollte sich mir nicht ergeben, / Doch will ich streben durch die Ewigkeiten, / Bis mir der Sieg – vielleicht gelingen wird.»[163] Dieses «vielleicht» ist am Ende des Jahres 2020 sehr viel wahrscheinlicher geworden.

Rudolf Steiner sprach, wie eingangs betont, von der unaufhaltsam kommenden Inkarnation Ahrimans; aber er sprach auch über den notwendigen und möglichen Widerstand, der bewirken soll, dass die Erde und die Weltbevölkerung nicht komplett Ahriman verfällt. Ereigne sich dieser Verfall, so würde dies den Verlust des «Erdenzieles» und das faktische Zugrundegehen all dessen bedeuten, was bisher an «Erdenkultur» erarbeitet worden sei: «Erfüllen würde sich alles dasjenige, was im Grunde in unbewusster Tendenz die gegenwärtige Menschheit ja eigentlich heillos will.»[164] Rudolf Steiner beschrieb den möglichen Untergang der Zivilisation – den möglichen, aber keinesfalls notwendigen und unausweichlichen. Er setzte in dieser Krisen-Situation auf michaelische Menschengemeinschaften, darunter auf die Anthroposophische Gesellschaft und ihre Freie Hochschule für Geisteswissenschaft, in ihrer Erkenntnis Ahrimans und ihren Gegeninitiativen auf sämtlichen Feldern des Lebens, von der Pädagogik bis zur Landwirtschaft. «Sie sollen ihn [Ahriman] in seiner Wachsamkeit auch denken, / Wenn er in ihrem Schauen walten wird. – / sie sollen seine vielen Formen deuten, / Die ihn verbergen ...»[165] Darin – auch darin – baute Rudolf Steiner auf die mögliche *Gemeinschaft* der Michaelschüler in überaus ernsten Zeiten, und dies offenbar weit über die bestehenden Kreise der Anthroposophen hinaus. Es gibt viele «Michaeliten» in ganz anderen Zusammenhängen, initiative und mutige, eigenständige und kreative Menschen, die sich für die Zukunft der Erde einsetzen, für eine andere Haltung und einen anderen Umgang mit der Schöpfung, für Ökologie und Frieden – in der geistigen Wirkensrichtung der Franziskaner oder des spirituellen Rosenkreuzertums[166], obwohl sie sich mehrheitlich nicht mit diesen Richtungen beschäftigen. In den Worten des Bellicosus: *«Die Zeichen dieser Zeit verkünden deutlich, / dass alle Wege sich vereinen sollen.»*[167]

Die Aufgabe, die «Erdenkultur für Christus zu retten»[168], steht unübersehbar vor der Menschheit; die Chancen für das Erreichen dieses Zieles scheinen gegenwärtig nicht allzu groß zu sein. Auf der anderen Seite findet ein

«Erwachen der Seelen» an vielen Orten der Welt angesichts der sich seit Jahren immer weiter intensivierenden Krisen statt. Über die «große Krise unserer Zivilisation und die Geburt eines neuen Zeitalters» schrieb ein Vordenker wie Charles Eisenstein vor vierzehn Jahren in seinem umfangreichen und lesenswerten Buch *«The Ascent of Humanity»* (Harrisburg 2007; dt.: *Die Renaissance der Menschheit. Über die große Krise unserer Zivilisation und die Geburt eines neuen Zeitalters*). Eisensteins Gedanken und Intentionen bringen zum Ausdruck, was eine wachsende Anzahl von Menschen auf der Erde empfinden, Menschen, deren Wege sich «vereinen» sollten. Der «Widerstand», den Rudolf Steiner vor Augen hatte, ist nicht mit Verweigerung und Ablehnung gleichzusetzen; er beginnt vielmehr mit einer Leistung des menschlichen Bewusstseins und einer anderen, erweiterten, im Dienste des Lebens stehenden Wissenschaft – und führt zur Schaffung von Modellen und Maßstäben gelingenden Lebens in den verschiedenen Feldern der Zivilisation, wie Steiner in seiner Auseinandersetzung mit Oswald Spengler und dem «Untergang des Abendlandes» 1920 überzeugend herausarbeiten konnte.[169] *«Und die Zukunft der Erde muss des Menschen eigene Gestaltung, muss des Menschen eigene Sorge sein.»*[170] Es ist eine Frage des menschlichen Bewusstseins, aber auch eine Frage von Mut, Energie und Willen, die in der Auseinandersetzung mit Ahriman, seinen vorbereitenden «Machinationen» und seiner Inkarnation vonnöten sind. «Es braucht die Menschheitsentwicklung den spirituellen, den bewusst spirituellen Impuls zum Leben.» (Dornach, 6. August 1921[171]).

Werden die Wege gesucht, gefunden und begangen, so kann höhere Hilfe erfolgen. In den Mysteriendramen ist von «Siegen» die Rede, «die vom Nichts das Sein ertrotzen»[172], an einer Stelle auch von der Bitte um Hilfe der geistigen Welt, eine Bitte um das gnadevolle Neigen der Weltenmächte, auf dass des Wesens Licht der Weltengeister den *«Seelensinn»* erhält, das geistige «Gehör» der Menschen und den Opferwillen, der im Sinne Straders individuell entwickelt werden muss, aber Unterstützung aus der Welt des Geistes erfahren kann. *«Wir stehen heute, indem wir im Ernste uns anschicken, anthroposophisch zu denken und zu empfinden, nicht vor kleinen Entscheidungen, wir stehen vor großen Entscheidungen»*, sagte Rudolf Steiner am 21. November 1919, in seinen Vorträgen über die kommende Inkarnation Ahrimans.[173]

Darauf, dass bei weitem noch nicht alles verloren ist, und dass – nach tiefgreifenden Umwälzungen – andere Zeiten und neue Ordnungen der Gesellschaft, der Ökonomie und Ökologie kommen können, durch den Einsatz der Menschen und die Hilfe der geistigen Welt, spricht viel. In der Adventsepistel der Christengemeinschaft ist vom «Bild des Menschen-Werdens» die Rede, «in dem Gottes-Werden sich birgt»[174]; die «Ohnmacht» und die «Auferstehung aus der Ohnmacht» hat mit dem Christus-Mysterium und einer modernen Beziehung zu Christus Jesus zu tun, so betonte Rudolf Steiner am 16. Oktober 1918 in Zürich.[175] Nicht nur die Inkarnation Ahrimans kommt näher, sondern auch die Wiederkunft des Christus im Ätherischen. *Der* Mensch vermag Ihm zu begegnen, der die Ohnmacht, aber auch die Auferstehung aus ihr kennengelernt hat, das wirkliche Lebensprinzip des Ätherischen im Überwinden der Schwere und des physischen Niedergangs, des «ersterbenden Erdendaseins». Seinen langen «Wende-Zeit-Spruch» (aus der Sammlung «Die Ewige Stadt»; Kapitel «Werde wachend») ließ Friedrich Doldinger mit der Strophe beginnen: «Wende-Zeit ist gekommen! / Es beben alle bergenden Hütten und Hüllen. / Und wer nicht wachsen will, / den zerschmettert der Schicksale Last. / Zu entschreiten dem Schrecknis, / nur dem Wachenden gelingt es, / der das Kommende / mit ganzer Kraft und Demut / innig empfängt.»[176]

Auf die immer noch mögliche Umkehr der ganzen Menschheit – und nicht nur einzelner Individuen – mit Hilfe der geistigen Welt deuten auch die alten, seit nahezu zwei Jahrtausenden bekannten Worte des Lukas-Evangeliums hin:

> Heilig ist sein Name.
> Für alle kommenden Geschlechter gilt sein Erbarmen
> denen, die sich in Ehrfurcht vor ihm beugen.
> Gewaltiges hat sein Arm vollbracht,
> zerstreut hat er, die sich erhaben dünkten
> in ihres Herzens Sinn.
> Mächtige hat er vom Thron gestürzt und Niedrige erhöht.
> Hungrige mit Gütern gesättigt
> und Reiche mit leeren Händen gehen lassen.
> (Lk 1,49-53)

Anmerkungen

1 Vgl. Peter Selg: *Der Untergang des Abendlands? Rudolf Steiners Auseinandersetzung mit Oswald Spengler*. Arlesheim und Dornach 2020.

2 Vgl. Peter Selg: *Die Eröffnung des Goetheanum und die Diffamierung der Anthroposophie*. Arlesheim und Dornach 2021 (in Vorbereitung).

3 Vgl. Rudolf Steiner: *Vier Mysteriendramen*. GA 14. Dornach [5]1998, S. 296 und *Mantrische Sprüche. Seelenübungen. Band II, 1903–1925*. Dornach [1]1999, S. 255.

4 Rudolf Steiner: *Vier Mysteriendramen*. GA 14, S. 408.

5 Rudolf Steiner: *Das Schicksalsjahr 1923 in der Geschichte der Anthroposophischen Gesellschaft. Vom Goetheanumbrand zur Weihnachtstagung*. GA 259. Dornach [1]1991, S. 302.

6 Peter Selg: *Rudolf Steiner 1861–1925. Lebens- und Werkgeschichte. Band 6: Die Zerstörung des Ersten Goetheanum und das Jahr 1923*. Arlesheim 2017.

7 Sergej O. Prokofieff: *Rudolf Steiner – Fragmente einer spirituellen Biografie*. Dornach 2020, S. 147.

8 Vgl. hierzu Peter Selg: *Esoterische Gemeinschaften in Rudolf Steiners Mysteriendramen*. Arlesheim 2010.

9 Vgl. Anm. 1 und 2.

10 Rudolf Steiner: *Weltsilvester und Neujahrsgedanken*. GA 195. Dornach [4]2006, S. 53.

11 Vgl. Rudolf Steiner: *Soziales Verständnis aus geisteswissenschaftlicher Erkenntnis. Die geistigen Hintergründe der sozialen Frage, Band III*. GA 191; *Der innere Aspekt des sozialen Rätsels. Luziferische Vergangenheit und ahrimanische Zukunft*. GA 193. Dornach

[5]2007; *Die Sendung Michaels. Die Offenbarung der eigentlichen Geheimnisse des Menschenwesens*. GA 194; *Weltsilvester und Neujahrsgedanken*. GA 195 – und Thomas Meyer (Hg.): *Rudolf Steiner. Die Vorträge über Ahrimans Inkarnation im Westen aus dem Jahre 1919*. Basel 2016.

12 Vgl. Rudolf Steiner: *Soziales Verständnis aus geisteswissenschaftlicher Erkenntnis. Die geistigen Hintergründe der sozialen Frage, Band III*. GA 191. Dornach [3]1989, S. 198.

13 *Rudolf Steiner: Der innere Aspekt des sozialen Rätsels. Luziferische Vergangenheit und ahrimanische Zukunft*. GA 193. Dornach [5]2007. GA 193, S. 186.

14 Ebd., S. 185.

15 Ebd.

16 Ebd., S. 164.

17 Ebd., S. 194.

18 Rudolf Steiner: *Weltsilvester und Neujahrsgedanken*. GA 195, S. 54.

19 *Rudolf Steiner: Der innere Aspekt des sozialen Rätsels. Luziferische Vergangenheit und ahrimanische Zukunft*. GA 193, S. 174.

20 Rudolf Steiner: *Soziales Verständnis aus geisteswissenschaftlicher Erkenntnis. Die geistigen Hintergründe der sozialen Frage, Band III*. GA 191, S. 199.

21 *Rudolf Steiner: Der innere Aspekt des sozialen Rätsels. Luziferische Vergangenheit und ahrimanische Zukunft*. GA 193, S. 170.

22 Ebd., S. 167.

23 Ebd., S. 174.

24 Rudolf Steiner: *Soziales Verständnis aus geisteswissenschaftlicher Erkenntnis. Die geistigen Hintergründe der sozialen Frage, Band III*. GA 191, S. 208.

25 *Rudolf Steiner: Der innere Aspekt des sozialen Rätsels. Luziferische Vergangenheit und ahrimanische Zukunft*. GA 193, S. 194.

26 Ebd., S. 177.
27 Ebd., S. 172.
28 Rudolf Steiner: *Soziales Verständnis aus geisteswissenschaftlicher Erkenntnis. Die geistigen Hintergründe der sozialen Frage, Band III*. GA 191, S. 203.
29 Ebd., S. 210.
30 *Rudolf Steiner: Der innere Aspekt des sozialen Rätsels. Luziferische Vergangenheit und ahrimanische Zukunft.* GA 193, S. 191.
31 Ebd., S. 192.
32 Rudolf Steiner: *Weltsilvester und Neujahrsgedanken.* GA 195, S. 57.
33 Rudolf Steiner: *Soziales Verständnis aus geisteswissenschaftlicher Erkenntnis. Die geistigen Hintergründe der sozialen Frage, Band III*. GA 191, S. 213.
34 Ebd., S. 202.
35 *Rudolf Steiner: Der innere Aspekt des sozialen Rätsels. Luziferische Vergangenheit und ahrimanische Zukunft.* GA 193, S. 177.
36 Ebd., S. 166.
37 Ebd., S. 187.
38 Ebd., S. 196.
39 Rudolf Steiner: *Weltsilvester und Neujahrsgedanken.* GA 195, S. 39.
40 Ebd., S. 53.
41 Ebd., S. 54.
42 *Rudolf Steiner: Der innere Aspekt des sozialen Rätsels. Luziferische Vergangenheit und ahrimanische Zukunft.* GA 193, S. 167.
43 Rudolf Steiner: *Soziales Verständnis aus geisteswissenschaftlicher Erkenntnis. Die geistigen Hintergründe der sozialen Frage, Band III*. GA 191, S. 219.
44 Ebd., S. 220.
45 *Rudolf Steiner: Der innere Aspekt des sozialen Rätsels. Luziferische Vergangenheit und ahrimanische Zukunft.* GA 193, S. 178.

46 Vgl. Peter Selg: *Elisabeth Vreede. 1879–1943*. Arlesheim 2009.

47 Rudolf Steiner: *Soziales Verständnis aus geisteswissenschaftlicher Erkenntnis. Die geistigen Hintergründe der sozialen Frage, Band III*. GA 191, S. 200.

48 Ebd., S. 220.

49 Ebd., S. 275.

50 *Rudolf Steiner: Der innere Aspekt des sozialen Rätsels. Luziferische Vergangenheit und ahrimanische Zukunft*. GA 193, S. 188.

51 Ebd., S. 187.

52 Ebd., S. 195.

53 Rudolf Steiner: *Vier Mysteriendramen*. GA 14, S. 257.

54 Vgl. hierzu u.a.: Gundhild Kacer-Bock: *Die Mysteriendramen im Lebensgang Rudolf Steiners*. Stuttgart 2008; Manfred Krüger: *Mysteriendramatik im Seelenraum*. Dornach 2008; Wilfried Hammacher: *Die Uraufführung der Mysteriendramen von und durch Rudolf Steiner. München 1910–1913*. Dornach 2010; Peter Selg: *Esoterische Gemeinschaften in Rudolf Steiners Mysteriendramen*. Arlesheim 2010.

55 Rudolf Steiner: *Vier Mysteriendramen*. GA 14, S. 534.

56 Ebd., S. 302.

57 Ebd., S. 70.

58 Ebd., S. 305.

59 Ebd., S. 255.

60 Ebd., S. 257.

61 Ebd., S. 258.

62 Ebd., S. 372.

63 Ebd.

64 Ebd., S. 263.

65 Ebd., S. 365.

66 Ebd., S. 363.

67 Ebd., S. 517.

68 Ebd., S. 391f.

69 Ebd., S. 371.

70 Ebd., S. 514.
71 Ebd., S. 516.
72 Ebd., S. 445.
73 Ebd., S. 531.
74 Ebd., S. 533.
75 Ebd., S. 534f.
76 Rudolf Steiner: *Unsere Toten. Ansprachen, Gedenkworte und Meditationssprüche 1906–1924*. GA 261. Dornach [2]1984, S. 40.
77 Rudolf Steiner: *Wege und Ziele des geistigen Menschen*. GA 125. Dornach [2]1992, S. 129.
78 Karl Jaspers: *Der philosophische Glaube*. Zürich 1948, S. 55. Zit. n. Thomas Fuchs: *Verteidigung des Menschen. Grundfragen einer verkörperten Anthropologie*. Berlin 2020, S. 7.
79 Rudolf Steiner: *Bilder okkulter Siegel und Säulen. Der Münchner Kongress Pfingsten 1907 und seine Auswirkungen*. GA 284. Dornach [3]1993, S. 168.
80 Rudolf Steiner: *Anthroposophische Leitsätze. Der Erkenntnisweg der Anthroposophie – Das Michael-Mysterium*. GA 26. Dornach [10]1998, S. 84.
81 Ebd., S. 91.
82 Ebd., S. 97.
83 Ebd., S. 86.
84 Ebd., S. 91f.
85 Sergej O. Prokofieff: *Anthroposophie und «Die Philosophie der Freiheit»*. Dornach 2006.
86 Rudolf Steiner: *Anthroposophische Leitsätze. Der Erkenntnisweg der Anthroposophie – Das Michael-Mysterium*. GA 26, S. 93.
87 Ebd., S. 97.
88 Ebd., S. 101.
89 Ebd., S. 97f.
90 Ebd., S. 110.
91 Ebd., S. 112.
92 Ebd., S. 104ff.

93 Ebd., S. 114ff.

94 Ebd., S. 256.

95 Rudolf Steiner: *Menschenschicksale und Völkerschicksale.* GA 157. Dornach [3]1981, S. 106.

96 Ebd., S. 110.

97 Rudolf Steiner: *Anthroposophische Leitsätze. Der Erkenntnisweg der Anthroposophie – Das Michael-Mysterium.* GA 26, S. 257f.

98 Vgl. hierzu insbesondere Clemens G. Arvay: *Wir können es besser. Wie Umweltzerstörung die Corona-Pandemie auslöste und warum ökologische Medizin unsere Rettung ist.*

99 Klaus Schwab und Thierry Malleret: *Covid-19: Der große Umbruch.* Cologny/Genf 2020, S. 97.

100 Ebd., S. 102ff.

101 Ebd., S. 148.

102 Ebd., S. 154.

103 Ebd., S. 12.

104 Ebd., S. 22.

105 Vgl. hierzu auch Hannes Hofbauer / Stefan Kraft (Hg.): *Lockdown 2020. Wie ein Virus dazu benutzt wird, die Gesellschaft zu verändern.*

106 Klaus Schwab und Thierry Malleret: *Covid-19: Der große Umbruch*, S. 16 und S. 296.

107 Ebd., S. 204.

108 Ebd., S. 298.

109 Ebd., S. 20.

110 Ebd., S. 147ff.

111 Ebd., S. 259. Es ist von Interesse, im Einzelnen zu verfolgen, wie Schwab und Malleret die von ihnen geschilderten und nachdrücklich bejahten Entwicklungen in ihrem Buch immer wieder mit Warnungen vor denselben durchsetzen, darunter vor Überwachung und Manipulation und vor dem Verlust individueller Freiheitsräume, wie sie die Corona-Krise und ihr Management passagenweise kritisch kommentieren (nicht nur

durch ihre Relativierung des «Killer»-Virus-Nimbus, sondern auch durch ihre Infrage-Stellung der Medien-Obsession, ihre Problematisierung der psychischen Folgeschäden der evozierten Angst etc.) – und wie hoch sie ökologische Aspekte der Krise gewichten, um diese Problematik anschließend in ihre technologischen Lösungsstrategien miteinzubauen (vgl. Anm. 129).

112 Ebd., S. 253.

113 Ebd., S. 251ff.

114 https://www.facebook.com/worldeconomic-forum/videos/189569908956561.

115 Klaus Schwab und Thierry Malleret: *Covid-19: Der große Umbruch*, S. 292 bzw. *Covid-19: The Great Reset*. Cologny/Genf, S. 244.

116 Paul Schreyer: *Chronik einer angekündigten Krise. Wie ein Virus die Welt verändern konnte*. Berlin 2020, S. 51.

117 Ebd., S. 40.

118 Ebd., S. 56.

119 Ebd., S. 46.

120 Ebd., S. 58.

121 Ebd., S. 58f.

122 Ebd., S. 160.

123 Ebd.

124 Klaus Schwab und Thierry Malleret: *Covid-19: Der große Umbruch*, S. 179.

125 Klaus Schwab und Thierry Malleret: *Covid-19: The Great Reset*, S. 153.

126 Paul Schreyer: *Chronik einer angekündigten Krise. Wie ein Virus die Welt verändern konnte*, S. 110.

127 Sascha Lobo: *Realitätsschock. Zehn Lehren aus der Gegenwart*. Köln 2019, S. 197.

128 Klaus Schwab und Thierry Malleret: *Covid-19: Der große Umbruch*, S. 192.

129 Ebd., S. 194.

130 Ebd., S. 198f.

131 S. 210.

132 Ebd., S. 241.

133 Ebd., S. 243f. Dann führen Schwab/Malleret ihre technologische Zukunftsvision mit persönlicher Datenerfassung – in «Kombination von KI, Internet der Dinge, Sensoren und tragbarer Technologie» – in scheinbar «ökologischer» Ausrichtung mit den Worten fort: «In der Welt nach Corona werden präzise Informationen über unsere CO2-Fußabdrücke, unsere Auswirkungen auf die Biodiversität, die Toxizität aller Inhaltsstoffe, die wir konsumieren, und die Umgebungen oder räumlichen Kontexte, in denen wir uns bewegen, bedeutende Fortschritte unseres Bewusstseins für das kollektive und individuelle Wohlbefinden bewirken» (ebd., S. 244).

134 Ebd., S. 195.

135 Sascha Lobo: *Realitätsschock. Zehn Lehren aus der Gegenwart.* Köln 2019, S. 201.

136 Ebd., S. 203.

137 Ebd., S. 208.

138 Ebd., S. 209.

139 Ebd., S. 211.

140 Vgl. Klaus Schwab und Thierry Malleret: *Covid-19: Der große Umbruch*, S. 198ff.

141 Ebd.

142 Thomas Fuchs: *Verteidigung des Menschen. Grundfragen einer verkörperten Anthropologie.* Berlin 2020, S. 9. Zu Fuchs' Auseinandersetzung mit Harari und seinem Buch «Homo Deus» (2017) vgl. ebd., S. 9ff.

143 Ebd., S. 31.

144 Ebd., S. 10.

145 *Rudolf Steiner: Der innere Aspekt des sozialen Rätsels. Luziferische Vergangenheit und ahrimanische Zukunft.* GA 193, S. 174.

146 Thomas Fuchs: *Verteidigung des Menschen. Grundfragen einer verkörperten Anthropologie*, S. 84.

147 Ebd., S. 17.

148 Rudolf Steiner: *Gegensätze in der Menschheitsentwicklung. West und Ost – Materialismus und Mystik – Wissen und Glauben.* GA 197. Dornach [3]1996, S. 164.
149 Rudolf Steiner: *Vier Mysteriendramen.* GA 14, S. 73.
150 Thomas Fuchs: *Verteidigung des Menschen. Grundfragen einer verkörperten Anthropologie,* S. 17.
151 Ebd., S. 34.
152 Ebd., S. 64.
153 Klaus Schwab und Thierry Malleret: *Covid-19: Der große Umbruch*, S. 62.
154 Ebd., S. 210.
155 Klaus Schwab und Thierry Malleret: *Covid-19: The Great Reset,* S. 179.
156 Rudolf Steiner: *Vier Mysteriendramen.* GA 14, S. 284.
157 Vgl. Peter Selg: *Das Mysterium der Erde. Aufsätze zur Corona-Zeit.* Arlesheim 2020.
158 Notizbuch Nr. 41, Rudolf Steiner Archiv, Dornach.
159 Rudolf Steiner: *Vier Mysteriendramen.* GA 14, S. 521.
160 Rudolf Steiner: *Gegenwärtiges und Vergangenes im Menschengeiste.* GA 167. Dornach [2]1962, S. 100.
161 *Rudolf Steiner: Der innere Aspekt des sozialen Rätsels. Luziferische Vergangenheit und ahrimanische Zukunft.* GA 193, S. 66.
162 Rudolf Steiner: *Soziales Verständnis aus geisteswissenschaftlicher Erkenntnis. Die geistigen Hintergründe der sozialen Frage, Band III.* GA 191, S. 212.
163 Rudolf Steiner: *Vier Mysteriendramen.* GA 14, S. 370.
164 Rudolf Steiner: *Soziales Verständnis aus geisteswissenschaftlicher Erkenntnis. Die geistigen Hintergründe der sozialen Frage, Band III.* GA 191, S. 274.
165 Rudolf Steiner: *Vier Mysteriendramen.* GA 14, S. 535.
166 Vgl. Peter Selg: *Die Zukunft der Erde. Franz von Assisi, die Rosenkreuzer und die Anthroposophie. Arlesheim 2021.*
167 Rudolf Steiner: *Vier Mysteriendramen.* GA 14, S. 409.

168 Rudolf Steiner: *Soziales Verständnis aus geisteswissenschaftlicher Erkenntnis. Die geistigen Hintergründe der sozialen Frage, Band III*. GA 191, S. 275.

169 Vgl. Peter Selg: *Der Untergang des Abendlands? Rudolf Steiners Auseinandersetzung mit Oswald Spengler.* Arlesheim und Dornach 2020.

170 Rudolf Steiner: *Geisteswissenschaft als Erkenntnis der Grundimpulse sozialer Gestaltung.* GA 199. Dornach [2]1985, S. 223.

171 Rudolf Steiner: *Menschenwerden, Weltenseele und Weltengeist – Zweiter Teil: Der Mensch als geistiges Wesen im historischen Werdegang.* GA 206. Dornach [2]1991, S. 92.

172 Rudolf Steiner: *Vier Mysteriendramen.* GA 14, S. 438.

173 Rudolf Steiner: *Die Sendung Michaels. Die Offenbarung der eigentlichen Geheimnisse des Menschenwesens.* GA 194, S. 26.

174 Rudolf Steiner: *Vorträge und Kurse über christlich-religiöses Wirken, IV. Vom Wesen des wirkenden Wortes.* GA 345. Dornach [1]1994, S. 78.

175 Rudolf Steiner: *Der Tod als Lebenswandlung.* GA 182. Dornach [4]1996, S. 183.

176 Friedrich Doldinger: *Die Ewige Stadt.* Freiburg 1946, S. 111. Zu diesem Buch Doldingers vgl. die Neuedition von Thomas Kivelitz (Stuttgart 1997) sowie Peter Selg: *Apokalypse. Vom Weg zur Ewigen Stadt.* Arlesheim 2020.

Der Autor

Peter Selg, Jg. 1963, ist Facharzt für Kinder- und Jugendpsychiatrie und Psychotherapie. Er unterrichtet medizinische Anthropologie und Ethik an der Alanus Hochschule für Kunst und Gesellschaft (Alfter bei Bonn) und an der Universität Witten / Herdecke (Integriertes Begleitstudium Anthroposophische Medizin / Lehrstuhl für Medizintheorie, Integrative und Anthroposophische Medizin). Peter Selg leitet das Ita Wegman Institut für anthroposophische Grundlagenforschung in Arlesheim und ist Mitglied der Goetheanumleitung (Allgemeine Anthroposophische Sektion). Er veröffentlichte zahlreiche Grundlagenwerke zur Biographie und Werkentwicklung Rudolf Steiners und seiner MitarbeiterInnen, zur Anthroposophie in verschiedenen Zivilisationsfeldern, zur Geistes- und Kulturgeschichte sowie zur Auseinandersetzung mit dem Nationalsozialismus. 2020 erschienen von ihm u.a. die folgenden Schriften: «Nach Auschwitz. Auseinandersetzungen um die Zukunft der Medizin»; «Rudolf Steiner, die Anthroposophie und der Rassismus-Vorwurf. Gesellschaft und Medizin im totalitären Zeitalter», «Dichter nach Auschwitz. Paul Celan und Nelly Sachs»; «Der Untergang des Abendlands? Rudolf Steiners Auseinandersetzung mit Oswald Spengler»; «Das Mysterium der Erde. Aufsätze zur Corona-Zeit»; «Zivilcourage. Die Herausforderung freier Waldorfschulen».

Peter Selg

Der Untergang des Abendlands?

Rudolf Steiners Auseinandersetzung
mit Oswald Spengler

«Und weil ich an den Menschen glaube aus Geist-Erkenntnis heraus, so glaube ich, daß man nicht reden kann wie Spengler von einem Untergang, einem Tod der abendländischen Zivilisation. Sondern indem ich an die Kraft der Seele glaube, die in Ihnen lebt, glaube ich, daß wir wiederum zu einem Aufstieg kommen müssen. Denn dieser Aufstieg wird nicht von einem leeren Phantom bewirkt, sondern vom menschlichen Willen. Und ich glaube so stark an die Wahrheit der Ihnen geschilderten Geisteswissenschaft, daß ich überzeugt davon bin: Dieser Wille der Menschen kann getragen werden, kann einen neuen Aufstieg bewirken, kann eine neue Morgenröte bewirken.» Rudolf Steiner. Technische Hochschule Stuttgart. 17. Juni 1920

192 Seiten, kartoniert, ISBN 978-3-7235-1650-8

VERLAG AM GOETHEANUM
VERLAG DES ITA WEGMAN INSTITUTS

Constanza Kaliks
Claus-Peter Röh
Peter Selg
Die Gestalt des
Menschheitsrepräsentanten
und das Evangelium
der Erkenntnis
VERLAG AM GOETHEANUM